2ᵉ MILLE

AF298597

H. G. WELLS

LA GUERRE ET L'AVENIR

L'Italie, la France
et la Grande-Bretagne en guerre

Traduction de Cecil GEORGES BAZILE

PARIS

ALBIN MICHEL, Éditeur

22, rue Huyghens, 22

MAJORATION
TEMPORAIRE
de 0,50 sur tous
les volumes à 5,50
Décision
du Syndicat des
Éditeurs
du 27 Juin 1947
ALBIN MICHEL
ÉDITEUR

MAJORATION
TEMPORAIRE
de 0,50 sur tous
les volumes à 5,50
Décision
du Syndicat des
Éditeurs
du 27 Juin 1947
ALBIN MICHEL
ÉDITEUR

La Guerre et l'Avenir

8° G
9981

DU MÊME AUTEUR ET DU MÊME TRADUCTEUR

La Guerre qui tuera la Guerre (Editions et Librairie 1915).

DU MÊME TRADUCTEUR

OSCAR WILDE :

Poèmes en prose (Figuière 1911).

Pensées (*Pages Modernes* 1913).

Les Origines de la Critique Historique et Conférences sur l'Art (*Mercure de France* 1913).

Contes et Nouvelles (Calman-Lévy).

Oscar Wilde : **Etude biographique et critique** (*Portraits d'Hier* 1911).

H.-G. WELLS

La Guerre et l'Avenir

L'Italie, la France et la Grande-Bretagne en Guerre

Traduction de Cécil Georges-Bazile

PARIS
ALBIN MICHEL, EDITEUR
22, Rue Huyghens, 22

1917

LA DISPARITION DE L'EFFIGIE

LA DISPARITION DE L'EFFIGIE...

§ 1er

Une des particularités mineures de cette guerre
sans précédent, c'est le Tour du Front. Après
quelques mois de suppression d'information —
pendant lesquels on découragea le correspondant
de guerre jusqu'au point de l'éliminer — on dé-
couvrit des deux côtés que cette guerre était une
lutte dans laquelle l'opinion jouait un rôle plus
grand et plus important qu'elle ne l'avait jamais
fait auparavant. Cette vivace herbe sauvage fut
peut-être d'une importance décisive ; les Allemands, en tout cas, essayèrent d'en faire une
fleur cultivée. Il y eut l'opinion fleurissant à l'intérieur, alimentée vigoureusement par la rumeur
publique, l'opinion dans les pays neutres, l'opinion dans les pays ennemis, l'opinion se développant en une grande confusion de malentendus et

de dissentiments entre les Alliés. La confiance et
le courage de l'ennemi, l'amabilité et le secours
des neutres, le zèle, le sacrifice et le calme de la
population, tout cela fut atteint. L'Allemand commença de cultiver l'opinion longtemps avant la
guerre ; elle est encore chez lui des plus systématiques et, à cause de son inaptitude psychologique,
elle est probablement la plus maladroite. La *Maison de la Presse* en France est certainement la
meilleure organisation pour rendre les choses
claires, contrecarrer les courants hostiles et propager la bonne compréhension. Les organisations
officielles britanniques sont comparativement insuffisantes ; mais ce qui manque officiellement est
largement compensé par la bonne volonté et les
efforts généreux de la presse anglaise et américaine. Une intéressante monographie pourrait être
écrite sur ces divers essais des belligérants à expliquer leurs actes et à s'expliquer eux-mêmes.

On perçoit, en effet, dans ces développements,
bien au-dessus du désir d'influencer l'opinion, un
effort très réel à expliquer les choses. L'un des
traits les plus intéressants et les plus curieux —
on pourrait presque écrire : les plus touchants —
de ces organisations, c'est qu'elles ne constituent
pas une propagande positive et définie telle que la
propagande allemande. La propagande allemande
est simple parce que ses buts sont simples : affirmations de la supériorité morale et du charme de

l'Allemagne, de l'excellence incomparable de la kultur allemande, du kaiser, du kronprinz, etc..., insultes contre la « traître » Angleterre qui s'est alliée à la France « dégénérée » et à la « barbare » Russie, bêtises au sujet de la « liberté des mers » — la phrase la plus vide de l'histoire, — efforts enfantins à semer la suspicion entre les Alliés et efforts encore plus enfantins à engager les neutres et les pacifistes simples de nationalité alliée à sauver la face de l'Allemagne en lançant leurs négociations de paix. Mais à part leur rapport inattaquable sur les brutalités allemandes et l'agression allemande, les organisations de presse des Alliés n'ont rien de ce caractère défini dans leur tâche. Le but de l'intelligence nationale dans chacun des pays alliés n'est pas d'exalter sa propre nation et d'insulter et diviser l'ennemi mais d'arriver à une entente réelle entre les peuples et les esprits d'un certain nombre de nations différentes, une entente qui se développerait et deviendrait une entente profitable et permanente entre les peuples alliés. Ni les Anglais, ni les Français, ni les Russes, ni les Italiens, pour ne nommer que les plus grands Alliés européens, n'ont l'intention d'écrire une légende d'eux-mêmes et de l'imposer à l'humanité. Dans cette guerre, ils traitent de la réalité, tandis que les Allemands trafiquent de l'effigie. En fait, les Alliés se disent l'un à l'autre : « Venez, je vous en prie, chez moi et cons-

tatez par vous-même que je suis en somme le
même être humain que vous êtes. Venez constater
que je fais de mon mieux — et je crois que ce
n'est pas un si mauvais mieux... » Et nous avons
là quelque chose de beaucoup plus subtil, quelque
chose qui resemblerait à cette question : « Et dites-
moi, s'il vous plaît, ce que vous pensez de moi...
et de tout ceci. »

C'est ainsi que nous avons ce curieux à-côté de
la guerre et un jour c'est M. Nabokoff, le directeur
du *Recht*, le comte Alexis Tolstoï, cet écrivain de
si délicates nouvelles, et M. Chukovski, le critique
subtil, qui viennent me rendre visite, après avoir
bravé les mers d'hiver pour venir voir la flotte
anglaise ; M. Joseph Reinach les suit bientôt, dans
un voyage semblable, et puis paraissent des photographies de Mr. Arnold Bennett pataugeant
dans les tranchées des Flandres, Mr. Noyes devient discrètement indiscret sur ce qu'il a vu durant son séjour au milieu des sous-marins et Mr.
Hugh Walpole se documente auprès de Mr. Ste-
phen Graham dans la Forêt Noire de Russie. Tout
ceci est entièrement différent de ces récits de première main, comme ceux de Mr. Patrick McGill
et d'une douzaine d'autres soldats vivant réellement ce qu'ils décrivent — pour ne pas parler des
lettres de soldats que Mr. James Milne a réunies
ni de l'inoubliable et immortel *Prisoner of War*
de Mr. Arthur Green — ou du travail qu'accom-

plissent ces admirables correspondants de guerre
tels que Mr Philips Gibbs et Mr. Washburne. Certains d'entre nous, écrivains, — je peux parler
pour un — ont fait leur Tour des Fronts avec une
très compréhensible réserve. Pour ma part, je ne
voulais pas y aller. J'esquivai une première proposition en 1915. Je voyage mal, je parle français et
italien avec une incroyable atrocité et je suis un
pacifiste extrême. Je hais jouer au soldat. Et aussi
je ne désirais pas écrire quoi que ce soit « d'après
des instructions ». C'est grâce beaucoup à une
certaine inflexibilité opiniâtre du général Delmé-
Radcliffe, l'attaché militaire anglais au Comando
Supremo italien que je me mis enfin en route
pour ce voyage. Le général Delmé-Radcliffe ne
veut pas que l'Italie puisse se croire négligée du
fait d'un refus opposé à l'invitation du Comando
Supremo par quelqu'un qui, d'après l'opinion de
l'Italie, peut sembler être un représentant de l'Opinion anglaise. Si Herbert Spencer eût été vivant,
le général Radcliffe l'eût certainement fait venir
dans ce but, avec un attirail de hamacs de voyage,
passe-montagnes, et tout le reste — et je ne suis
pas éloigné de confesser que je ne souhaite pas à
Herbert Spencer d'être vivant. Je trouvai Udine
encore toute chaude et joyeuse du souvenir de Mr.
Belloc, Lord Northcliffe, Mr. Sydney Low, le colonel Repington et le Dr Conan Doyle, et attendant
l'arrivée de Mr. Harold Cox. Ainsi nous passons,

la plupart du temps en automobiles qui bondissent sur les routes de la guerre, comme un nuage de témoins, chacun témoignant à sa propre manière. Avant toute autre chose nous fûmes tous photographiés avec une invincible patience et résolution sous la direction du colonel Barberich dans une petite cour ensoleillée d'Udine.

Ma propre manière de témoigner doit être de dire ce que j'ai vu et ce que j'ai pensé durant cette expérience extraordinaire. Une disposition naturelle d'esprit m'a fait voir cette guerre comme quelque chose d'épique et ayant un but, comme quelque chose d'aussi fondamentalement splendide que c'est grand, comme la « Guerre qui tuera la Guerre » (1). Je ne crois pas que je sois seul porté à cette interprétation dramatique et logique. Les caricatures dans les boutiques françaises montrent la civilisation (et particulièrement Marianne) en conflit avec un formidable et formidablement méchant ogre Hindenburg. Eh bien ! je reviens de ce tour avec l'idée que ce n'est pas, cependant, tout à fait aussi simple que cela. S'il me fallait exprimer en un seul mot mon impression de cette guerre, je dirais qu'elle est *bizarre*. Ça ne ressemble en rien à un monde qui s'éveille réellement, mais plu-

----

(1) *La Guerre qui tuera la Guerre*, par H. G. Wells, traduction Georges-Bazile. 1 vol., 3 fr. 50. Editions et Librairie, édit. Paris, 1915.

tôt à quelque chose qui se passe en rêve. Ça n'a pas
exactement cette clarté de la lumière comparée à
l'obscurité ou du bien comparé au mal. Mais elle
a la qualité de l'instinct tout entier luttant dans
un cauchemar. Le monde n'est pas réellement
éveillé. Ce besoin vague d'explications qu'ont
toutes sortes de gens, ce désir de montrer ses
affaires, de chercher à savoir une élucidation qui
fait défaut en ce moment, tout cela est extraordinairement suggestif des efforts de l'esprit à s'éveiller qui arrivent parfois au plus fort d'un rêve.
Le souvenir que j'ai rapporté de ce tour est
rempli d'hommes à l'expression intriguée. J'ai
vu des milliers de *poilus* assis au café, sur
le bord de la route, sous les tentes, dans les
tranchées, pensifs. J'ai vu des Alpini se reposant
en regardant avec des yeux contemplatifs, par-
dessus les précipices des montagnes, du côté de
l'ennemi invisible et inexplicable. J'ai vu des
trains chargés de blessés regardant par les por-
tières à notre passage. J'ai vu ces obscurs indices
de réflexion dans les plus étranges juxtapositions :
chez des soldats de Malagay prenant quelque repos au milieu des gros obus qu'ils chargeaient sur
des trucks, chez un couple de Maoris, vêtu de
kaki, assis sur le marchepied d'un tombereau dans
la gare d'Amiens. C'est toujours la même expression qu'on remarque, plutôt ennuyée, plutôt maus-
sade, renfermée. Les épaules sont affaissées. Toute

la silhouette, elle-même, est une interrogation. Ils lèvent le regard au passage du touriste privilégié, important dans la grande automobile ou le compartiment réservé en compagnie de l'officier qui lui sert de guide. On rencontre une paire d'yeux qui semble vous dire : « Peut-être que *vous*, vous comprenez...

« Et alors... ? »

C'est, je crois, une partie de cette disposition qui fait que tout le monde collectionne des souvenirs de la guerre. Partout le souvenir s'impose à votre attention. Le permissionnaire qui revient chez lui apporte invariablement un poids considérable d'objets brisés, morceaux d'obus, cartouches, casques ; c'est un musée péripatétique. C'est comme s'il espérait y trouver une indication. Il est presque impossible d'échapper à ces pièces toujours en évidence. Je suis l'homme le moins collectionneur au monde, mais j'ai rapporté chez moi des cartouches italiennes, des cartouches autrichiennes, la fusée d'un obus autrichien, une baïonnette italienne brisée et un billet qui vaut un demi-franc dans les limites d'Amiens. Mais je m'arrangeai à perdre un gros et lourd morceau d'obus explosé, qui m'avait été présenté de la façon la plus pressante sur le Carso, durant la confusion momentanée que causa, dans notre petite troupe, l'arrivée et l'explosion dans notre voisinage immédiat d'un autre souvenir prospectif. Et

deux spécimens réellement très gros et presque
complets d'ammonites qui m'étaient inconnues
et m'avaient été donnés de force par un aimable
officier, furent malheureusement perdus sur la
ligne entre Vérone et Milan par suite de la grossière négligence d'un porteur de chemin de fer ;
elles provenaient des monts à l'est de l'Adige et
étaient enveloppés en partie dans un ancien numéro du *Corriera della Sera*. Mais je doute
qu'elles eussent jeté quelque lumière décisive sur
la guerre.

§ 2

J'avoue être un pacifiste extrême. Je suis contre
l'homme qui prend les armes le premier. Je trans-
porte mon pacifisme bien au delà de ce petit
groupe ambigu de sentimentalistes anglais et
étrangers qui si drôlement se prétendent être dans
le *Labour Leader* des socialistes et dont la conception des affaires étrangères est de donner à l'Allemagne, en ce moment, une paix qui ne serait rien
de plus qu'une pause pour préparer un nouvel outrage à la civilisation ; ils vont même jusqu'à vouloir faire des héros de ces jeunes insensés, les

assassins du crime de Dublin. Je ne comprends pas ces gens. Je ne veux pas seulement mettre fin à cette guerre. Je veux clouer la guerre dans son cercueil. La guerre moderne est une chose intolérable. Ce n'est pas une chose avec laquelle on peut jouer à la façon de l'*Union of Democratic Control*, c'est une chose à tuer pour toujours. Je l'ai toujours haïe, du moins autant que mon imagination m'avait permis de la réaliser et maintenant que je l'ai vue, parfois de très près durant tout un mois, je la hais plus que jamais. Je n'imaginai jamais même le quart de sa désolation, son horreur, sa futilité, sa dévastation. C'est purement une industrie destructive et dispersive, au lieu d'être constructive et accumulative. C'est une sottise gigantesque, poussiéreuse, boueuse, sale, sanglante. C'est le devoir de tout homme de donner sa vie et tout ce qu'il a si, en faisant cela, il peut aider à y mettre fin. Je hais l'Allemagne, qui a infligé cette expérience à l'humanité, comme je hais certaines horribles maladies contagieuses. La nouvelle guerre, la guerre « à la moderne », est son invention et son crime. Je perçois que de notre côté et dans ses grandes lignes cette guerre n'est rien de plus qu'un gigantesque et héroïque effort d'assainissement, un effort à retirer le militarisme allemand de la vie et des régions qu'il a envahies et à l'endiguer, à le discréditer, à l'affaiblir, de façon qu'il ne recommence plus jamais ses déraisonnables et horribles efforts. Toutes les affaires humaines et toutes les grandes affaires ont leurs réserves et leurs complications, mais c'est là les grandes lignes de cette affaire telles qu'elles se sont montrées à mon esprit et telles que je les trouve en général conçues chez les peuples alliés, dans l'esprit de l'homme qui lit, et telles que je les trouve comprises dans le jugement des observateurs neutres, honnêtes et intelligents.

Les Alliés combattent essentiellement pour une paix mondiale permanente ; primitivement ils ne faisaient pas la guerre mais résistaient à la guerre. C'est cette conviction inébranlable qui m'a réconcilié avec cette expérience, peu en rapport avec ma nature, de faire le touriste curieux dans les zones de guerre. En tout cas, il n'y eut jamais le moindre risque que je jouas le Balaam bénissant l'ennemi. Cette guerre est une tragédie et un sacrifice pour la plus grande partie du monde ; pour les Allemands, c'est simplement le résultat catastrophique de cinquante années de folie intellectuelle élaborée. Le Militarisme, la Welt-Politik... et nous voilà ! Que pouvait-il arriver d'autre avec Michel et son infernale machine de guerre au centre même de l'Europe, si ce n'est ce formidable désastre ?

C'est un désastre ! Ce peut être un désastre nécessaire ; ce peut être pour nous une leçon que nous ne pouvions apprendre d'une autre façon ;

2

mais malgré tout, et j'insiste, ça reste une désolation, un désordre, un désastre.

Il y a en moi, comme chez beaucoup d'autres, je le sais, une tendance à vouloir échapper à cette vérité, à trouver tant de bien dans cet écroulement, consécutif à la folle direction de l'Europe durant ce dernier demi-siècle, qu'on voudrait en faire presque, dans l'ensemble, une chose salutaire. Mais tout au plus n'y puis-je trouver qu'un bien qui n'est pas supérieur au bien d'un cauchemar qui éveille le dormeur dans un endroit dangereux, lui faisant comprendre l'extrême danger de son sommeil. Mieux eût valu qu'il fût éveillé — ou qu'il ne fût pas là. A Venise, le capitaine Pirelli, dont c'était la tâche de me garder à l'abri de tout malheur dans la zone de guerre, insista beaucoup sur la façon dont Venise était desservie par les nouvelles routes militaires ; on avait à peine fait une nouvelle route à Venise ou dans la région depuis que Napoléon y avait percé ses grandes routes droites et bordées de peupliers. M. Joseph Reinach, qui fut mon compagnon sur le front français, fut également impressionné par l'animation et l'échange d'idées dans les villages dus au mouvement de la guerre. Le conte de Charles Lamb, la découverte de porc rôti, vous vient à l'idée avec un effet de repartie. Il n'y a pas que des idées qu'on échange dans la zone de guerre et il est douteux jusqu'à quel point les précautions sanitaires des autorités militaires empêchent la propagation considérable de maladies. Un argument plus sérieux en faveur du bien de la guerre, c'est qu'elle fait naître des qualités héroïques chez les gens ordinaires. Il n'y a aucun doute qu'elle n'ait causé des quantités presque incroyables de courage, de dévouement et de sacrifice personnel qui ne se montraient pas durant le temps de paix suffocant qui précéda la guerre. Le zèle intrépide et magnifique des femmes employées dans les munitions en France et en Angleterre par exemple, la gaîté et la bravoure des simples soldats partout, ces choses avaient toujours été là — comme le champagne qui dort en bouteille dans une cave. Mais y avait-il un besoin quelconque de jeter une bombe dans la cave ?

Cela me rappelle une histoire, ou plutôt l'idée d'une histoire que je crois avoir lue dans cette curieuse collection de fantaisies et d'observations qu'est le *Note Book* de Hawthorne. Ce devait être l'histoire d'un homme qui trouvait la vie monotone et ses circonstances complètement médiocres. Il avait aimé sa femme, mais maintenant, après tout, elle ne lui semblait plus qu'un être humain très ordinaire. Il avait commencé la vie avec de grands espoirs — et sa vie fut banale. Il devenait agité et turbulent. Son mécontentement devait le conduire à une certaine action, une action irrévocable, mais je ne crois pas que le *Note Book* fut très explicite sur la nature de cette action. Ça devait l'amener à brûler sa maison, d'une telle façon qu'il oubliait sa femme. Et, lorsqu'il était trop tard, il devait la voir apparaître à une fenêtre élevée, entourée de flammes, apparition glorieuse de feu, de charme et de tragique intensité...

Les contes élémentaires du monde sont peu nombreux et l'histoire de Hawthorne et celle de Lamb ne sont, après tout, que des variations sur le même thème. Mais ne pouvons-nous donc pas, pauvres êtres humains, ne jamais apprendre ce que nous valons sans destruction ?

§ 3

Une des singularités les plus remarquables de la grande guerre c'est son impuissance à produire de grandes et imposantes personnalités, des Napoléons, des Césars. Ce sera, en effet, pour moi la chose essentielle de cette guerre. C'est un drame sans héros, avec d'innombrables héros occasionnels sans doute, mais sans vedette. Même les Allemands, avec leur prédisposition nationale pour le culte des héros et vivant encore dans une atmosphère de hâbleries triomphales, ne peuvent produire rien de mieux que cette statue de bois : Hindenburg.

Ce n'est pas que la guerre ait manqué de produire des héros autant qu'elle a produit l'héroïsme en torrent. Le grand homme de cette guerre est l'homme du commun. Il devient ridicule de relever des noms particuliers. Il y a trop de véritables histoires d'actes splendides durant ces deux dernières années pour qu'elles puissent être toutes rapportées. Les croix et les palmes n'indiquent que des exemples. Il faudrait une encyclopédie, une rangée de volumes, de la gloire des impulsions humaines. Les actes des petits hommes dans cette guerre étouffent toutes les prétentions du Grand Homme. Impérativement cette multitude de héros défend de dresser des effigies. Lorsque j'étais jeune homme, j'imitais Swift et me posais en cynique ; je dois avouer que maintenant, à cinquante ans, et beaucoup aidé par cette guerre, je suis tombé amoureux de l'humanité.

Mais si je devais choisir une seule figure qui représentât les plus belles qualités des Alliés, je crois que je choisirais la figure du maréchal Joffre. Il est quelque chose de nouveau dans l'histoire. Il est un chef sans ambitions vulgaires. Il est l'extrême antithèse du charlatan impérial de Berlin. Il est pour ainsi dire le bon sens de l'homme incarné. Il est l'antithèse de l'effigie.

Par une grande chance il me fut donné de le

voir. En allant en Italie j'avais été retenu à Paris
et mon ami, le capitaine Millet, arrangea une visite au front français de Soissons et me mit sous la
garde du lieutenant de Tessin que j'avais rencontré en Angleterre longtemps avant la guerre, alors
qu'il y étudiait les questions sociales. Ensuite le
lieutenant de Tessin me conduisit au grand hôtel
— de grandes lettres noires sur le mur du jardin
annoncent encore le « Restaurant » — qui abrite
le grand quartier général de France, et là je pus
voir les généraux Pellé et Castelnau ainsi que le
général Joffre et leur parler. Ce sont tous les trois
de très remarquables et très différents hommes.
Ils ont au moins une chose en commun : il est clair
que pas un seul d'entre eux n'a passé seulement
dix minutes de sa vie à se croire un Personnage
ou un Grand Homme. Ils font tous les trois l'effet
d'être des hommes actifs et capables, accomplissant du mieux qu'ils peuvent un travail extrêmement compliqué et difficile, mais aussi extrêmement intéressant. Avec moi ils eurent tous les trois
une autre qualité en commun. Ils pensèrent que je
m'intéressais à ce qu'ils faisaient et ils furent tout
disposés à me traiter comme un homme intelligent
d'un genre différent et à me montrer autant que
je pouvais comprendre...

Qu'il me soit permis d'avouer que Tessin dut
insister avec force pour me persuader de me rendre au quartier général. D'abord parce que je ne

voulais pas prendre, ne fût-ce que dix minutes, du temps des commandants français, mais surtout parce que j'ai une peur terrible des personnages.

Il semble, dans ces rencontres avec des personnages, que l'on s'occupe d'une effigie, de quelque chose de formidable exposé à la vue du public. A mesure qu'on approche ils deviennent plus éloignés, on découvre de grandes crevasses insoupçonnées. Par-dessus ces précipices on fait des gestes impuissants. Ils ne se mettent pas à votre portée, ils posent devant vous énormément. Parfois il y a quelque chose de plus terrible que la dignité, il y a la condescendance. Ils sont affables. Tout récemment encore je me rencontrai avec un homme d'Etat importé des colonies et qu'une réclame, digne d'un savon, annonçait comme le sauveur de l'Angleterre. J'étais curieux de le rencontrer. Je voulais lui parler de toute sorte de choses qui auraient été profondément intéressantes, comme par exemple de l'impression que lui avaient fait les évêques anglicans. Mais je trouvai une palissade. Je trouvai quelque chose comme un masque, quelque chose entouré de racoleurs, qui essayait péniblement — comme on dit en argot — de m'en jeter plein les yeux. Il me dit qu'il avait entendu parler de moi. Il avait lu *Kipps*. J'insinuai que, bien que j'aie écrit *Kipps*, j'avais continué d'exister depuis, mais il ne comprit pas l'humour de cette réflexion. Je lui dis certaines

choses au sujet de la différence de complexité
entre la vie politique en Angleterre et dans les colonies que manifestement il était totalement incapable de comprendre. Mais on aurait pu tout aussi
bien parler à quelque homme d'Etat du musée
Grévin. Une figure antique.

L'effet que produisirent sur moi ces commandants français fut tout à fait différent de celui
produit par ma rencontre avec ce dernier aventu-
rier attardé au rayon des effigies. Je sentis à vrai
dire que j'étais une personne plutôt oisive et fri-
vole arrivant en présence d'une personne formidablement occupée, mais je n'eus rien de la sensa-
tion déplaisante d'un rôle conventionnel, d'être
attendu pour jouer le petit adorateur en présence
de la grande image. Je fus si ému par la grande
humanité qui s'exhalait de chacun d'eux, que dans
chaque cas je m'éloignai des traductions discrètes
de Tessin et leur parlai directement dans cet
étrange dialecte qu'étourdiment je me suis fait du
français, un discours sans voyelles de substantifs
épicènes et de verbes aux modes et temps incal-
culables, tout à fait « entente cordiale ». Ils me
répondirent comme si nous nous étions rencontrés dans un club. Le général Pellé me
taquina très gaîment avec quelques citations d'un
article que j'avais écrit sur la conclusion de la
guerre. Je crois qu'il trouvait mon accent et mes
idiomes très amusants. Je m'étais laissé aller à dé-

clarer que Bloch s'était trouvé justifié dans sa théorie que, dans les conditions modernes, c'est la défensive qui gagne. Il y avait d'excellentes raisons, et le général Pellé me les fit remarquer, pour douter de l'applicabilité de cette théorie à la guerre actuelle.

Lui et le général Castelnau désiraient fortement que je voie un secteur d'offensive français en même temps que Soissons. Alors je comprendrais. Et, depuis, je suis revenu d'Italie et j'en ai vu un et je comprends. L'offensive alliée gagnait, c'est-à-dire elle infligeait de beaucoup plus grosses pertes qu'elle n'en subissait ; elle battait systématiquement l'esprit de l'armée allemande et le repoussait vers l'Allemagne. Seule la paix peut empêcher, je crois, la guerre de finir en Allemagne. Et c'est principalement les Français qui en ont découvert le moyen.

Mais je parlerai de cela plus tard. Pour l'instant, je ne m'occupe que du maréchal Joffre comme l'antithèse de l'effigie. L'effigie,

« Toi, Prince de la Paix,
Toi Dieu de la Guerre »,

ainsi que M. Sylvester Viereck l'appelle, se pavane sur un grand cheval, porte un manteau wagnérien, s'assoit sur des trônes et parle d'armure étincelante et de « unser Gott ». Toute l'Allemagne dévore des yeux ses domesticités jupitériennes ; la dernière fois que j'étais à Berlin, les boutiques de cartes postales étaient pleines de photographies où on le voyait en file indienne avec ses fils, tous avec de longs nez droits et des yeux obliques. Tout cela est terriblement démodé. Le général Joffre est assis dans un agréable petit salon d'une petite villa très ordinaire à proximité du quartier général. Il est assis là, au milieu d'un ameublement qui n'a rien de la pose, qui n'est ni magnifique, ni simple et rustique d'une façon ostentatrice. Il a des yeux noirs, plutôt endormis, sous des cils clairs, des yeux qui regardent timidement et un peu de côté l'interlocuteur et, tandis qu'il parle, se détournent — comme s'il ne voulait pas être préoccupé par votre attention. Il a un visage large, aux traits bien dessinés, une voix douce, cette sorte de voix résonnante et persuasive qu'ont beaucoup d'Ecossais. J'avais l'impression que s'il parlait anglais, il le ferait avec l'accent écossais. Peut-être ai-je rencontré quelque part un Ecossais de son type. Il était assis de côté à sa table, comme un homme s'assoirait pour bavarder dans un café.

Physiquement c'est un grand homme et dans ma mémoire il grandit continuellement. Je le vois maintenant en souvenir, dans un appartement semblable à tout appartement que pourrait occuper tout homme décent, semblable à ce vague appartement qui est le fond de tant de

bons tableaux, un grand corps vêtu de bleu avec
une voix douce et des yeux plutôt fatigués, m'expliquant très simplement et clairement les difficultés que cet impérialisme vulgaire de l'Allemagne, s'emparant de la science moderne et de ses
applications modernes, avait créées pour la France
et l'esprit d'humanité.

Il parla principalement de l'étrangeté de cette
maudite guerre. On aurait dit un ingénieur parlant des difficultés inattendues de quelque inondation particulièrement nocive. Il avait des petits
gestes rigides et horizontaux. D'abord, il fallait
construire une digue et arrêter le flot, ainsi ; puis
il fallait organiser la poussée qui le refoulerait. Il
m'expliqua l'organisation de la poussée. Ils
avaient maintenant une organisation qui donnait
des résultats des plus satisfaisants. Avais-je vu
un secteur ? J'avais vu le secteur de Soissons. Oui,
mais ce n'était pas à ce moment un secteur d'offensive. Je devais voir un secteur d'offensive, voir la
méthode complète. Le lieutenant de Tessin s'occu-
perait d'arranger cela...

Ni lui ni ses deux collègues ne parlèrent des
Allemands avec hostilité, pas plus qu'avec humanité. Pour eux, l'Allemagne est manifestement et
purement une chose inadmissible. Ce n'est pas
une nation ni un peuple, mais une chose gênante.
Il faudra rendre toujours plus grande et plus forte
cette contre-poussée jusqu'à ce qu'ils reculent. La

guerre doit se terminer en Allemagne. Les généraux français ne se font pas de ces désillusions sur la science allemande ou la prévoyance allemande ou les capacités allemandes qui dominent dans les conversations des dîners selects en Angleterre. On ne connaît que trop ce genre détestable de folie anglaise et sa voix de désespoir : « Ils préparent tout. Ils prévoient tout. » Cette germanophobie paralysante se rencontre peu chez les Français. La guerre, me dirent les généraux français, pourrait prendre l'hiver — même, il paraissait qu'elle prendrait certainement encore plus que l'hiver. L'été prochain peut-être. Probablement, si rien d'imprévu n'arrive, avant qu'une année entière soit écoulée la tâche sera accomplie. Y avait-il des surprises en réserve ? Ils ne semblaient pas croire que les Allemands puissent avoir quelques surprises en réserve... Les Allemands ne sont pas un peuple inventif, ils sont simplement un peuple. On ne peut être sûr de rien.

Y a-t-il un contraste plus grand que celui qui existe entre un être aussi implacable, patient, raisonnable — et par-dessus tout, aussi *capable* — qu'est le maréchal Joffre et le rhétoricien de Potsdam, avec ses phrases sur le pouvoir allemand, les coups de marteau et son ébrèchement ? Peut-il y avoir quelque doute sur l'issue ultime entre eux ?

Il y a des histoires qui me semblent singulièrement vraies sur les ambitions du maréchal Joffre après la guerre. Il est fatigué, il sera alors très fatigué. Il passera, déclare-t-il, son premier été de liberté à faire un tour des rivières de France dans une barque. Et je souhaite que cela puisse arriver. On l'imagine très bien, assis tranquillement sur les restes chiffonnés des dernières et prétentieuses traditions impériales, jetant une ligne à pêche dans l'eau placide et avec un grand parasol chamois au-dessus de sa tête, le brave homme ordinaire qui fait ce qu'on lui donne à faire — de son mieux. La force qui a pris à la gorge la grande effigie de l'impérialisme allemand est quelque chose de très composé et complexe, mais si nous devions la personnifier ce serait quelque chose ressemblant davantage au général Joffre qu'à toute autre figure humaine isolée que je puisse imaginer.

Si je devais mettre un frontispice à un livre sur la guerre, je choisirais le général Joffre pour ce frontispice.

§ 4

Comme nous roulions, au retour, sur la route poussiéreuse de Paris à une vitesse de soixante kilomètres à l'heure et plus, — conduits par un chauffeur casqué au profil aquilin fait pour être

gravé sur une pièce de monnaie et dont les mérites étaient un peu affaiblis par une enfantine et
dangereuse ambition de passer sur tous les chats
qu'il rencontrait en chemin, — je parlai à Tessin de Joffre, cette noble figure vêtue de bleu, qui
n'est pas tant une figure qu'une grande générali-
sation de certaines qualités françaises jusqu'ici
restées plutôt dans l'ombre, et de l'impression
qu'il m'avait faite. Et de là, j'en vins à parler du
Surhomme, car cette entrevue avait soudain cris-
tallisé un tas d'idées qui depuis quelque temps
étaient latentes dans mon cerveau.

De ce qui suit que dis-je sur le moment à
Tessin, je ne me le rappelle pas clairement, mais
c'est, en tout cas, ce que j'avais dans l'esprit.

L'idée du surhomme est une idée qui a été développée par diverses personnes ignorantes de la
biologie et inaccoutumées aux façons biologiques
de penser. C'est une idée évidente qui vous vient
après avoir étudié pendant une demi-heure ou environ la signification du darwinisme. Si l'homme
a évolué de quelque chose plus bas ou au moins de
quelque chose différent, il doit maintenant évoluer
vers quelque chose de surhumain. Les espèces
dans l'avenir seront différentes des espèces du
passé. Autant du moins que nos Nietzsches, Shaws
et autres eurent raison.

Mais ignorant cette élémentaire proposition bio-
logique : que la modification d'une espèce signifie

en réalité un changement séculaire dans sa
moyenne, ils bondirent à cette conclusion — à laquelle, il y a plusieurs années, bondit aussi fou
lord Salisbury dans une réunion très mémorable
de la British Association — qu'une espèce est modifiée par l'apparition soudaine çà et là dans la
masse générale d'individus excentriques qui se
croisent... selon leur préférence. Aidés par une
part d'égotisme antique qui se trouve en eux-
mêmes, ils conçurent le surhomme comme un personnage de pose, incompris par le vulgaire, fantastique, merveilleux. Mais le personnage antique,
la chose que j'ai appelée l'effigie, n'est pas nouvelle mais ancienne, c'est la plus vieille chose dans
l'histoire, la chose de départ. Elle dépend non pas
de l'avance des espèces mais du culte, qui ignore
tout de la critique, que professe la foule pour les
héros. Vous pouvez voir ce monstre, dessiné vingt
fois la taille des hommes ordinaires, sur les plus
vieux monuments d'Egypte et d'Assyrie. Le vrai
surhomme ne se présente pas comme une vedette
entrant en scène, mais sous la forme moins théâ-
trale d'une augmentation de bonne volonté,
d'adresse et de bon sens. Une espèce se lève non
pas en dressant des pics mais en débordant comme
fait une inondation. La venue du surhomme ne
veut pas dire une épidémie de personnages, mais
la disparition du personnage dans l'ascension uni-

verselle. C'est là le point oublié par l'école méga-lomane de Nietzsche et de Shaw.

Et c'est la particularité de cette guerre, c'est l'évidence la plus rassurante, qu'une grande augmentation de l'aptitude générale et de l'aptitude critique aît pu être constatée durant tout le dernier siècle, qu'aucun grand personnage isolé ne soit sorti. Il n'y a jamais eu tant d'aptitude, d'invention, d'inspiration, de direction ; mais l'abondance même des bonnes qualités nous a empêchés de remarquer celles d'un individu particulier. Nous jouons tous notre rôle dans la réalisation du monde sain voulu par Dieu, mais, ainsi que l'étrange et dramatique fin de lord Kitchener a servi à nous le rappeler, il n'y a pas un seul individu dans toutes les nations alliées dont la mort puisse matériellement affecter les grandes destinées de cette guerre ?

Ces quelques dernières années j'ai laissé se développer en moi une foi religieuse qui m'est devenue maintenant aussi réelle que n'importe quel fait banal. Je crois que l'humanité, pour ainsi dire, rêve encore collectivement et est à peine plus éveillée à la réalité qu'un jeune enfant. Elle a ces rêves que nous exprimons par les drapeaux des nationalités, par d'étranges loyautés, par des croyances et des cérémonies irrationnelles et ses rêves parfois deviennent des cauchemars, comme cette guerre-ci. Mais le temps approche où l'humanité s'éveillera et les rêves s'évanouiront, et alors il n'y aura d'autre nationalité dans le monde entier que celle de l'humanité et ni roi, ni empereur, ni chef, mais le seul Dieu de l'humanité. C'est là ma foi. Je suis aussi certain de ceci qu'en 1900 j'étais certain que les hommes voleraient bientôt. Pour moi, c'est comme s'il devait en être ainsi.

Si bien que pour moi ce refus extraordinaire des nations alliées, dans des conditions qui avaient jusqu'ici toujours produit un Grand Homme, de ne rien produire de ce genre, rien qui puisse être employé comme effigie et porté en procession, suivi par la foule, est un fait d'une signification et d'un encouragement extrêmes. Il me semble que le crépuscule des demi-dieux doit être arrivé, que nous avons atteint la fin d'une époque où les hommes avaient besoin d'une figure personnelle autour de laquelle ils pouvaient se rallier. Le kaiser est peut-être le dernier de cette longue série de personnages couronnés, vêtus de pourpre et semi-divins qui a compris César, Alexandre, Napoléon Ier — et Napoléon III. A la lumière des temps nouveaux nous voyons l'Empereur-Dieu retomber le mannequin qu'il est. En août 1914 il s'établit lui-même comme le souverain seigneur du monde et il paraîtra à l'historien futur, qui connaîtra si bien nos dates mais si peu nos sentiments, nos fatigues et nos efforts, il lui paraîtra que cette période fut courte entre ce jour et aujourd'hui, où la grande figure chancelle déjà vers le feu de joie.

§ 5

Il me fut donné de rencontrer un roi contemporain au cours de ce voyage. C'est le premier roi que j'aie jamais rencontré. La figure de Potsdam — avec peut-être quelques exceptions locales derrière la Côte de l'Or, en Afrique — est avec sa collection d'uniformes, ses pompes et ses splendeurs, la plus pure continuation de la vieille tradition de la Monarchie divine, maintenant que l'empereur à Pékin a suivi le Shogken dans les ombres. Le type moderne de roi montre une tendance à insinuer dès le début que s'il est là ce n'est pas sa faute et à justifier, ou en tout cas utiliser, sa position exceptionnelle par un travail opiniâtre et sensé. C'est un âge de rois travailleurs, ayant les manières d'un gentilhomme privé. Le roi d'Italie, par exemple, est beaucoup plus accessible que ne l'était feu Pierpont Morgan ou feu Cecil Rhodes, et il semble entretenir une cour plus petite.

J'allai le voir d'Udine. Il occupait une villa de

campagne, de grandeur modérée, à une demi-heure du quartier général. J'allai avec le général Radcliffe ; aux grilles de la villa, une seule sentinelle, vêtue de l'uniforme ordinaire de l'infanterie, puis plus personne jusqu'à la porte de la maison, et le nombre de gardes, de domestiques, de chambellans, d'officiers, de secrétaires, de ministres et tout le reste que je vis dans cette maison fut — je comptai très attentivement — de quatre. En bas, il y avait trois personnes, un grand soldat de la garde du corps habillé de gris, un aide de camp, le capitaine Moreno, et le colonel Matteoli, ministre de la maison du roi. Je montai au premier étage dans un salon, du même caractère confortable et généralisé que celui dans lequel j'avais été reçu par le général Joffre quelques jours auparavant. Je donnai mon chapeau à un deuxième garde du corps et, à ce moment, un homme souriant affablement parut à la porte du cabinet de travail ; je le pris d'abord pour un ministre d'honneur. Je ne le reconnus pas tout de suite parce que sur les timbres et les pièces de monnaie il est toujours de profil. Il se mit à parler de mon voyage en excellent anglais, je lui répondis et, tout en causant nous pénétrâmes dans le cabinet d'où il était sorti. C'est alors que je compris que je parlais au roi.

Fervent comme je le suis du cinématographe, où l'ameublement des cabinets de travail est particulièrement riche, je trouvai quelque chose de très rafraîchissant et de très simple à la vue de l'ameublement du roi. Il s'assit avec moi à une petite table à écrire pratique et après m'avoir demandé ce que j'avais vu en Italie et écouté ce que j'avais vu et ce que je devais voir, il continua la conversation — une conversation très intéressante, ma foi !

Je suppose que j'excédai un peu la tradition établie des cours en lui posant plusieurs questions et en essayant de le faire parler sur certains sujets qui m'intéressaient, mais je m'aperçus qu'il lui fallut conserver la tradition royale, du moins suffisamment pour ne pas laisser la conversation s'égarer. Il fut, cependant, absolument sans pose. Sa conversation me rappelait quelque peu les livres de Maurice Baring ; elle a la même faculté, prompte et positive, de compréhension. Et il professait le même détachement de la guerre que les généraux français. Il en parlait comme on pourrait parler d'une inondation, ainsi que de ses difficultés et perplexités.

Ici sur l'Adriatique il y avait un imbroglio diplomatique qui, comparé à nos problèmes occidentaux d'après-guerre, les font paraître des plus simples. Il me parla du jeu des quatre coins des nationalités balkaniques. Comment résoudre cette difficulté ? En Macédoine il y avait des villages turcs qui étaient chrétiens et des bulgares qui étaient musulmans. Il y avait des familles qui changeaient la terminaison de leur nom de *ski* en *off* selon que le serbe ou le bulgare prévalait. Je remarquai que cela montrait une certaine passion pour la paix et qu'une grande partie du mal venait de la propagande des grandes puissances. J'ai un préjugé contre ce « principe » conservateur et sacré « des nationalités », mais le roi d'Italie ne se laissa pas entraîner à quelque déclaration sur ce sujet. Il quitta cette question en admettant son extrême complexité.

Il parla ensuite des étranges contrastes de la guerre, de ces choses comme l'indifférence des oiseaux au bruit du canon et à la dévastation. Un jour sur le Carso, il s'était approché des tranchées nouvellement capturées aux Autrichiens et, soudain, du milieu d'un tas de cadavres autrichiens, il avait vu une caille s'envoler. Cela l'avait frappé comme étrange, de même que la vue d'un paquet de cartes et d'une bouteille de vin sur des tombes nouvellement fermées. La vie ordinaire est une chose très *obstinée...*

Il me parla du courage de l'homme du peuple. Il était étonné du peu de temps qu'il lui fallait pour arriver à dédaigner les shrapnels. Et il était si calme et si endurant lorsqu'il était blessé. Il avait vu pas mal de blessés et il s'attendait à des grognements et à des cris. Mais, à part s'il est blessé à la tête, ce qui le rend fou, un homme ne grogne ni ne crie ! Il est tout simplement brave. Si vous lui demandez comment il se sent, il n'a que deux réponses, ou il vous dit tranquillement qu'il va très mal ou alors que ce n'est rien...

Le roi disait ces choses comme si elles étaient de simples observations du hasard, mais tout le monde m'a dit que presque tous les jours il est au front et même sous le feu. Il court plus de risques en une semaine que le Seigneur de la guerre de Potsdam n'en a couru depuis le commencement de la guerre. Il se tient très attentivement informé de tous les aspects de la guerre. Il était un peu porté au fatalisme, il me l'avoua. Il courait deux histoires sur deux familles de quatre fils ; dans chacune trois avaient été tués et dans chacune on essaya de mettre le quatrième relativement à l'abri. Dans le premier cas un général prit le quatrième fils dans sa suite et s'embarqua sur un navire qui fut immédiatement torpillé ; dans le second, le quatrième fils fut tué par accident, tandis qu'il aidait à porter le dîner dans un camp de repos. Ces histoires nous amenèrent à cette question : l'Italien illettré est-il plus superstitieux que l'Anglais illettré ? Le roi pensait qu'il l'était beaucoup moins. Ceci me parut une idée nouvelle. Mais il se figurait alors que le peuple rural anglais croit aux sorciers et aux fées.

Je me suis assez étendu sur cette conversation pour montrer la qualité de ce roi de la nouvelle dispensation. Ce fut, vous le voyez, une conversation de ce genre facile qu'on pourrait avoir partout avec des gens à l'esprit large. Lorsque nous eûmes fini de parler, il m'accompagna jusqu'à la porte de son cabinet, me serra la main et retourna à son bureau — avec ce geste de retour au travail qui est si familier et sympathique à un écrivain et sans le moindre geste de royauté.

Pour compléter cette impression, permettez-moi de répéter une amusante histoire sur ce roi et notre prince de Galles, qui visita récemment le front italien. Le prince est une vraie source d'anxiété dans ces visites : il a un très vif et très honorable désir de prendre sa part des risques ordinaires de la guerre. Il s'intéresse vivement à tout et veut à toute force approcher le plus près possible de la ligne de combat. Mais le roi d'Italie veilla inexorablement à ce qu'il soit tenu à l'abri de tout danger autre que le plus accidentel. « Nous n'avons pas besoin d'incidents historiques ici », dit-il. Je crois que cela pourrait devenir une phrase historique. Car la vie de l'effigie est une série d'incidents historiques.

§ 6

Manifestement on pourrait continuer de multiplier les portraits des hommes supérieurs travaillant à briser et à détruire l'agression allemande, la légende allemande, l'effigie allemande et l'effigie en général, la thèse étant que les Alliés n'ont point d'effigie. On pourrait remplir un gros volume de portraits d'hommes du haut en bas de l'échelle travaillant loyalement et avec dévouement à la guerre, pour rendre clair ce point que le roi essentiel et la loyauté essentielle de notre côté c'est le bon sens de l'humanité.

Il me vient à l'esprit, comme un tableau qui se place tout à l'extrémité de cette série, le souvenir de certaines tranchées visitées le dernier jour que je passai en France. C'étaient les tranchées d'un front d'offensive ; ce n'étaient pas ces triomphes d'architecture, ces habitations parfaites qui croissent dans les sections moins actives de la grande ligne. Elles avaient été d'abord faites par des hommes qui s'étaient précipités en avant avec la bêche et le fusil, se baissant en courant, qui s'étaient laissés glisser dans les trous de gros obus, qui les avaient organisés principalement pendant

la nuit et avaient creusé de chaque côté des fossés
profonds qui se rejoignaient en tranchées conti-
nues. Ils poussaient maintenant des sapes dans le
No Man's Land (la terre qui n'est à personne) les
reliant entre elles et s'avançant ainsi continuellement plus près de l'ennemi, jusqu'à un endroit
pratique pour bondir à l'attaque. (Celle-ci a eu
lieu depuis ; le village que j'aperçus de loin était
en nos mains une semaine plus tard.) Ces tranchées étaient creusées dans une espèce d'argile sa-
blonneuse et jaunâtre, les abris étaient de simples
trous dans la terre, qui retombait sur les mala-
droits, c'est à peine si on avait employé un seul
morceau de bois dans toute la ligne, un orage pouvait à toute heure les emplir d'eau à une hauteur
de deux pieds et recouvrir les parois. La veille au
soir ils avaient été « strafés » et il y avait eu un
certain nombre de pertes ; on voyait partout des
fusils brisés et l'emplacement d'une mitrailleuse
en morceaux ; les hommes étaient épuisés par la
fatigue et beaucoup dormaient comme des souches, à moitié enfouis dans l'argile. Certains dormaient sur les banquettes de tir. Comme on avançait le long de la tranchée on apercevait de temps à
autre deux ou trois paires de pieds couverts d'argile et sortant d'un trou d'argile ; en se baissant on
voyait des formes d'hommes, comme des statues
de soldats en terre grossièrement modelées, immo-
biles sous l'argile.

A un tournant je rencontrai un jeune homme au
visage intelligent et au regard assuré qui son-
geait, assis sur la banquette de tir. Nous nous regar-
dâmes mutuellement. Il y a des moments où les
esprits bondissent l'un vers l'autre. Il est naturel
pour l'homme des tranchées, mis brusquement en
présence d'un animal aussi rare qu'un civil d'âge
moyen à l'expression investigatrice, de se considérer comme quelque chose de curieux et quelque
chose de généralisé. Il est naturel pour le civil de
paraître plutôt disposé à dire : « Eh bien ! qu'en
dites-vous ? » Comme je passais devant lui, continuant ma route, nous nous saluâmes légèrement
de la tête et nous nous comprîmes tous les deux.
Nous nous dîmes par notre petit salut exactement
ce que le général Joffre disait par ses petits gestes
horizontaux de la main et ce que le roi d'Italie
laissait comprendre par sa manière amicale ; nous
nous dîmes l'un à l'autre qu'ici était le mal que les
Allemands nous avaient amené et qu'ici était la
tâche qui devait être accomplie.

Notre guide dans ces tranchées était un jeune
homme court, trapu, avec un fusil, une ceinture
serrée, des basques évasées et un casque, une
bizarre petite figure que, l'eussiez-vous vue en gravure un an ou deux environ avant la guerre, vous
auriez certainement qualifiée de chinoise. Il appartenait à un bataillon du Northumberland ; exactement lequel, il importe peu. Comme nous reve-

nions de cette ligne du front, nous traînant le long du chemin tortueux à travers les fils de fer barbelés, qui s'entrelaçaient devant la tranchée allemande détruite, prise une quinzaine auparavant, je laissai passer devant le capitaine qui me servait de gardien et j'eus une courte conversation avec cet individu. C'était un garçon d'une vingtaine d'années, râblé et les yeux injectés de sang. Il me dit qu'il était mineur dans le civil. Je lui posai ma question habituelle dans les cas de ce genre : s'il reprendrait son ancien métier après la guerre. Il me répondit affirmativement, puis il ajouta — pensant aux événements de la veille : « Si je suis encore en vie ! »

Un petit silence suivit. Puis j'essayai mon second stock de remarques. On ne parle pas aux soldats du front de gloire ou de « l'empire sur lequel le soleil ne se couche jamais », ni du « drapeau météore de l'Angleterre », ni du roi, du pays ou de toutes ces belles phrases qui font si bien en manchette. Sur le chemin désolé qui se tortille parmi les trous d'obus, les débris et le fil de fer rouillé, avec le frisson argenté des obus qui passent dans l'air et le bleu du ciel perdu continuellement dans les blanches bouffées de fumée tourbillonnante, c'est merveilleux comme ces panoplies de l'effigie paraissent de mauvais goût. Nous savons que nous et nos Alliés, nous sommes engagés dans une affaire beaucoup plus grande, plus

grave et plus fondamentale que ce genre de choses. Nous sommes très près du moment du réveil.

— Eh bien ! dis-je, il faut que ce soit fait.

— Oui, répondit-il, soulevant un instant la bre-
telle de son fusil qui lui blessait l'épaule ; il faut
que ça se fasse !

LA GUERRE EN ITALIE

(1er août 1916)

I

LE FRONT DE L'ISONZO

§ 1ᵉʳ

Mes premières impressions de la guerre italienne ont pour centre Udine. Jusqu'ici une courte
visite à Soissons par une journée extraordinairement calme et le bruit d'un zeppelin, une nuit, en
Essex, c'était là toute mon expérience de la guerre
actuelle. Mais ma chambre, à la mission britannique d'Udine, éveilla en moi des espérances peut-
être extravagantes. Il y avait, dans le plafond et
les murs de plâtre, des trous découvrant des
lattes brisées et causés par une bombe qui avait
éclaté et tué plusieurs personnes sur la petite place
au dehors. De tels accidents paraissent être des
choses du passé maintenant à Udine. Udine se
tient dorénavant dans l'obscurité et les hydro-
planes autrichiens, qui exécutent des raids la nuit

sur la côte italienne, la plupart du temps sans but et à la façon purement dévastatrice, dont les zeppelins survolent l'Angleterre, apparemment parce qu'ils n'ont rien d'autre à faire, trouvent plus facile de repérer Venise.

Mes précédentes promenades à Venise commencèrent toujours par les routes planes de la plaine, routes fréquemment bordées de cours d'eau aux saules magnifiques, de vignes et de champs de blé indien et autres moissons de cette même couleur sombre. On arrivait bientôt à quelques vieux postes de frontière autrichiens ; aussi presque partout les Italiens se battent-ils en ce qui est, techniquement parlant, territoire ennemi, mais nulle part ce territoire ne peut paraître moins italien que la plaine de Lombardie. Quand enfin je partis en auto d'Udine pour le front des montagnes septentrionales, je traversai Campo-Formio et vis l'auberge à façade blanche où Napoléon démembra l'ancienne république de Venise, et trafiqua avec cette partie essentielle de l'Italie, qu'il mit sous une autorité étrangère. Elle revient petit à petit maintenant — comme s'il n'y avait pas eu de Napoléon.

Et sur les routes, et en bordure, se trouvait l'équipement énorme d'une armée moderne qui avançait. Partout, je voyais faire des routes nouvellement percées, des chemins de fer nouvellement établis, de vastes réserves de tristesse, des hôpitaux ; partout, les villages grouillaient de soldats en gris ; partout, notre automobile frayait son chemin et courait des risques étonnants au milieu d'interminables processions : files d'ambulances ou de voitures à mulets, camions de bois, camions de fil de fer, camions d'attirail militaire, camions de tonneaux, camions discrètement voilés, colonnes d'infanterie, de cavalerie, batteries en route. Tout camion qui monte plein revient vide, et beaucoup de blessés descendaient, ainsi que des prisonniers et des troupes allant au repos. Gorizia venait d'être prise, une semaine environ avant mon arrivée ; l'Isonzo avait été franchi et les Autrichiens repoussés au delà du Carso sur plusieurs kilomètres ; toutes les ressources de l'Italie semblaient s'accumuler pour conserver ces gains et reprendre de la force pour la prochaine poussée. Les routes sous tout ce trafic restaient merveilleuses ; on voyait partout des troupes d'hommes réparant les premiers dommages et l'Italie est le pays le plus heureux au monde pour les routes ; ses montagnes sont un solide métal pour routes et, dans cette plaine vénitienne, vous n'avez qu'à creuser un mètre pour trouver de la pierre.

On voyageait à travers une poussière étouffante sous le ciel bleu et, au-dessus de la procession incessante et poussiéreuse des camions qui passaient un par un, on voyait, en levant les yeux, les sommets des arbres, les toits des maisons ou

le solide campanile vénitien de tel ou tel village.
Une fois que nous fûmes sortis des grandes portes
grises de cette magnifique vieille relique d'une des
premières écoles de fortifications, Palmanova, le
trafic devint soudain d'un jaune brillant et, pendant plus d'un kilomètre, nous ne dépassâmes que
des charrettes siciliennes conduites par des mulets
et chargées de foin. Ces charrettes paraissaient
aussi étranges au milieu des formes grises des
transports de guerre modernes que le paraîtrait
un mandarin chinois vêtu de soie peinte. Elles
sont une chose des plus personnelles, toutes à deux
roues, toutes d'un jaune vif et de la même grandeur, c'est vrai, mais sur chacune se trouvent
peints des petits tableaux des plus curieux, tels
qu'on en voit parfois en Angleterre sur les pous-
settes des marchands de glace. Parfois c'est un
sujet de l'histoire sainte, parfois une scène
d'opéra, parfois un paysage de rêve ou un trophée de fruits ou de fleurs ; quant aux harnais —
beaucoup ont maintenant besoin d'être réparés —
ils sont ornés de cuivre. J'ai rencontré des files
interminables de ces curieuses voitures ; toute la
Sicile doit en être débarrassée.

Toujours au milieu de la poussière, je parvins à
Aquilée, qui est maintenant une vieille cathédrale,
élevée sur les ruines d'une très ancienne basilique
et se dressant au milieu d'un terrain nu entouré
d'un village aux maisons éparses. Mais sur ce ter-

rain poussiéreux fut porté jadis la tête du par-
venu Maximin qui assassina Alexandre Sévère et,
plus tard, Aquilée y contraignit Attila au désespoir. Notre petite troupe descendit de voiture,
nous visitâmes un très vieux carreau de mosaïque
qui a été découvert depuis la retraite autrichienne.
Les prêtres autrichiens sont partis aussi et leurs
successeurs italiens sont déjà en train de mettre à
jour tout un tas de vieux vestiges romains que
c'était la coutume autrichienne de dissimuler. Le
capitaine Pirelli rafraîchit mes souvenirs historiques ; j'avais presque l'impression que je dépo-
sais une carte chez Gibbon, sur mon chemin vers
l'histoire contemporaine.

Par des routes déviées, je parvins à certaine
batterie de gros canons qui avaient joué leur rôle
en « arrosant » la gauche autrichienne par-dessus
un bras de l'Adriatique et qui venaient de recevoir
l'ordre de changer de place et d'avancer plus près.
La batterie était la plus discrète des batteries ; son
seul désir, semblait-il, c'était de paraître un simple coin de forêt au regard de Dieu et de l'aéroplane. Je parcourus ce dédale de voies ferrées et
de chemins sous les arbres qu'une batterie moderne exige et arrivai bientôt auprès d'un grand
canon qui, à première vue, paraissait un peu
moins bien caché que ses confrères. Puis je vis
que c'était un « mannequin » des plus ingénieux,
fait d'un arbre, de bûches et autres accessoires de

ce genre. Il se trouvait à l'emplacement d'un
canon réel qui avait été repéré ; il avait ses sacs
de sable peints autour de lui, tout comme un vrai
canon et il se sentait si bien faire partie de la
batterie que, chaque fois que ses compagnons
tiraient, il laissait partir une étincelle et un nuage
de poussière. C'était un excellent exemple de ce
grand art du camouflage que cette guerre a développé.

Je traversai le bois jusqu'à un poste d'observation, perché au haut d'un arbre. J'y grimpai avec
mon guide. Je pus de cette position avoir une très
bonne idée de la situation générale du front italien oriental. Je me trouvais dans le delta de
l'Isonzo. Directement en face de moi se trouvaient
quelques marais et la pointe extrême de la mer
Adriatique à la tête de laquelle était Monfalcone,
maintenant dans les mains des Italiens. Derrière
Monfalcone s'étendait la chaîne rougeâtre du
Carso, dont les Italiens venaient de prendre le versant oriental. Derrière encore s'élevaient les montagnes à l'est de l'Isonzo que les Autrichiens
tenaient toujours. L'Isonzo sortait des montagnes
et venait vers moi en une grande courbe orientée
vers l'ouest. Une vingtaine de kilomètres plus
loin, à l'endroit où le fleuve sortait des montagnes, se trouvait la ville agréable et prospère de
Gorizia et à l'ouest de la grande courbe, c'était
Sagrado avec son pont brisé. La bataille de Gorizia

ne fut pas en réalité livrée à Gorizia. Ce qui eut lieu ce fut l'assaut brillant et sanglant des monts Podgora et Sabotino sur la rive occidentale du fleuve au-dessus de Gorizia et, simultanément, la traversée du fleuve à Sagrado et une magnifique poussée sur le plateau et au delà du plateau du Carso. Gorizia, elle-même, n'était pas organisée pour la défense et les Autrichiens furent si surpris par l'attaque rapide des montagnes au nord-ouest et du Carso au sud-est qu'ils n'offrirent aucune résistance dans la ville elle-même.

En conséquence, lorsque je la visitai je la trouvai très peu endommagée — comparée, naturellement, à ces autres villes dans lesquelles eurent lieu des combats. Çà et là, la façade d'une maison avait été abattue par un obus autrichien ou un réverbère avait été renversé. Mais le pont qui sert de route avait beaucoup souffert ; son parapet de fer était tordu par les éclats d'obus et entrelacé de jeunes arbres et de gros buissons destinés à dissimuler les passants au regard des observateurs de l'artillerie autrichienne postée sur le Monte Santo. Par de grands trous espacés on pouvait voir les ondes bleues de l'eau dans le lit pierreux du fleuve à une grande profondeur au-dessous de nous. Le chauffeur de notre auto montrait ce qui me parut une confiance extrême dans les bords de ces trous, mais sa confiance fut justifiée. A Sagrado le pont avait été beaucoup plus complètement démoli ; on n'avait fait aucun effort pour réparer la route horizontale, mais on traversait par une sorte de montagnes russes en bois qui suivaient les hauts et les bas des ruines.

Ce n'est pas en ces endroits qu'on doit chercher la destruction réelle de la guerre moderne. Le combat réel à gauche de Gorizia eut lieu dans le village de Lucinico au sommet de la colline de Podgora. Lucinico n'est rien de plus qu'un tas de pierres grises ; à part un bout du mur de l'église et le pignon d'une maison on ne peut même pas en parler comme des ruines. Mais à un endroit, parmi les moellons, j'aperçus le dessus brisé et un des pieds d'un piano à queue. La colline de Podgora qui était jadis un endroit cultivé et plein de jardins et de terrasses, ressemble à un coin de paysage de quelque planète sans air et sans arbres. Cependant un tableau encore plus désolé nous attendait sur le Carso à droite (sud) de Gorizia. San Martino et Doberdo sont tous les deux détruits au delà de toute imagination. Le Carso, d'ailleurs, est un plateau sans eau, avec cependant quelques buissons d'arbres ; ce dut toujours être une région désolée, mais maintenant c'est un désert indescriptible de trous d'obus, de tranchées autrichiennes bouleversées, de bois brisé, de vieux fer, de guenilles et de cette vilenie épineuse et rouillée de l'invention de l'homme, pire que toutes les épines et les fourrés de la nature, le fil de fer barbelé. On n'aperçoit pas de morts, les blessés ont été enlevés, mais aux environs des tranchées et particulièrement à côté de certaines casemates une faible odeur repoussante se faisait sentir...

Cependant, dans ce désert, les Italiens remettent en ce moment une sorte d'ordre. L'Allemand est un travailleur merveilleux, on dit que sur le front anglo-français il fait des tranchées pour se reposer, mais je doute qu'il puisse approcher seulement l'Italien dans certaines formes de travail. Tout le long du chemin jusqu'à San Martino et au delà, des milliers de travailleurs refaisaient une de ces routes à la pente soigneusement étudiée que les Italiens font mieux que n'importe quel autre peuple. D'autres équipes posaient des tuyaux d'eau. Car, sur le Carso, il n'y a ni routes ni eau et avant que les Italiens puissent faire une nouvelle poussée il faut amener l'un et l'autre sur le front.

Comme nous approchions de San Martino un aéroplane autrichien manifesta sa présence au-dessus de nos têtes, en laissant tomber une bombe au milieu des tentes de quelques ouvriers, dans un misérable petit bois sur le coteau près de nous. Nous entendîmes et nous nous retournâmes pour voir la poussière et des éclats voler de tous côtés. Ils atteignirent probablement quelqu'un. Puis après une petite pause, le camp se mit à vomir des hommes ; ici, là, partout, ils apparaissaient parmi

les tentes, courant comme des lapins au crépuscule
et descendant le coteau. Presque immédiatement
après, et probablement à la suite du signal de
l'aéroplane, des obus autrichiens commencèrent à
pleuvoir. Ils n'emploient pas de shrapnels, le sol
rocheux de l'Italie ne les rendant pas nécessaires.
Ils tirent une sorte d'obus qui part avec un bruit
formidable et laisse échapper en l'air un nuage de
fumée, lâchant ensuite un paquet de gros explosifs qui éclate sur le sol. Le sol s'élève alors en une
poussière rouge et en fumée. Mais on peut voir
maintenant ces choses au cinéma. A partir de ce
moment, les hommes qui travaillaient sur la route
mirent bas leurs outils et se dirigèrent vers les
tranchées d'abri ; ils formaient une longue procession et marchaient d'un pas ferme et résolu. Puis,
produisant l'impression d'un coup en pleine poi-
trine, le bruit d'un gros canon italien éclata non
loin de là...

Sur plus de quatre mille kilomètres de fronts
divers cette sorte de chose se déroulait ce matin-
là...

§ 2

Ce front du Carso est le seul front pratique
d'offensive de l'Italie. De l'aile gauche, sur
l'Isonzo, le long de la frontière alpine, jusqu'à la

frontière suisse se déroule une guerre de montagne comme il n'y en a pas d'autre au monde ; c'est la guerre qui fait reculer la frontière, mais c'est la guerre de montagne qui ne présentera pas, du moins pendant une période si longue que la guerre sera finie avant, de perspectives de mouvements d'offensive sur une grande échelle contre l'Autriche ou l'Allemagne. Il n'y a qu'une courte distance à vol d'oiseau de Rovereto à Munich, mais les canons voyagent moins facilement que les corbeaux. Les Italiens, par conséquent, comme contribution à l'effort commun, poussent plutôt à l'est vers la ligne des Alpes Juliennes, à travers la Carinthie et la Carniole. De mon poste d'observation dans l'arbre près de Monfalcone, j'apercevais Trieste au loin, le long de la côte à ma droite. Elle m'apparaissait à peine plus éloignée que Folkestone de Dungenness. La ligne avancée italienne est à vrai dire à peine à dix kilomètres de Trieste. Mais les Italiens ne se dirigent pas, je crois, du moins pour l'instant, sur Trieste. Ce n'est pas là leur jeu. Ils jouent loyalement leur rôle avec les Alliés pour la défaite complète des Puissances centrales, et pour atteindre ce but ils frapperont en Autriche. En attendant, il n'y a aucune utilité à réduire Trieste en morceaux ou à employer des soldats italiens au lieu d'autrichiens pour la défendre.

II

LA GUERRE DE MONTAGNE

§ 1ᵉʳ

La guerre de montagne en Italie est extraordinairement différente de celle de n'importe quel autre font. De l'Isonzo à la frontière suisse on ne trouve que de hautes montagnes, coupées de profondes vallées entre lesquelles il n'y a généralement pas de communications latérales. Chaque avance doit avoir la nature d'une poussée non soutenue le long d'un étroit canal, jusqu'à ce que tout le système de montagne, pour ainsi dire, soit conquis et que l'attaque puisse commencer à se déployer en avant des passes. Géographiquement l'Autriche a l'avantage. Elle a le versant le plus agréable de la chaîne de montagnes, alors que l'Italie n'a que le côté escarpé, et la prévoyance des vieux traités lui a donné de profondes entailles dans ce qui est en réalité territoire italien ; elle est beaucoup plus près de la plaine italienne que l'Italie n'est près d'aucun terrain de combat pratique pour de larges forces ; c'est particulièrement le cas dans la région de la vallée de l'Adige et du lac de la Garde.

La guerre légitime, pour parler ainsi, dans cette région est une guerre montagneuse. La position typique est grossièrement comme suit : les Autrichiens occupent la vallée A qui donne au nord ; les Italiens occupent la vallée B qui donne au sud. La lutte est pour la crête entre A et B. Le côté qui gagne cette crête gagne la faculté d'apercevoir et de prendre de flanc les positions de l'ennemi dans la vallée, et naturellement de tirer dessus. Dans la plupart des cas ce sont les Italiens qui, pour l'instant, avancent et si le lecteur veut examiner une carte du front et la comparer avec les communiqués officiels il comprendra aussitôt que, presque partout, les Italiens sont au haut des vallées du sud et s'emploient à repousser, par-dessus les cimes, les Autrichiens dans leurs vallées. Mais dans le Trentin, les Autrichiens sont encore bien établis de l'autre côté de la crête sur le versant sud. Lorsque j'étais en Italie ils tenaient encore Rovereto.

Il ne faudrait pas croire que dans les conditions modernes de guerre les montagnes favorisent ou l'offensive ou la défensive. Mais elles rendent les opérations beaucoup plus décisives qu'en rase campagne. Une route ou un chemin de fer dans une vallée alpine est la plus vulnérable des choses, ses courbes et ses viaducs peuvent être démolis par les obus ou arrosés de shrapnels, bien que vous teniez la vallée entière excepté à un point avantageux. Toutes les montagnes autour d'une vallée doivent être conquises avant que cette vallée puisse être employée au transport d'une avance. Mais d'un autre côté, la capture par surprise d'une seule cime de montagne et la mise en position d'un canon peuvent empêcher la retraite de l'artillerie et du matériel d'un grand nombre de positions. Les surfaces montagneuses sont extraordinairement variées et subtiles. Vous pouvez comprendre la guerre en Picardie d'après une carte, mais la guerre de montagne a trois dimensions. Une lutte peut se dérouler pendant des semaines ou des mois ne consistant apparemment que d'escarmouches séparées et accidentelles, puis brusquement une entière organisation de vallée peut battre soudain en retraite dans un désastre complet. L'Italie ronge peu à peu et quotidiennement le Trentin, principalement par son aile droite. A aucun moment, je ne serai surpris de voir une avance soudaine sur ce front et d'entendre parler de canons et de prisonniers. Ceci ne voudra pas dire qu'elle aura fait une attaque soudaine, mais plutôt que quelque système de positions autrichiennes aura cédé sous sa pression continuelle.

Telle est brièvement l'idée de la lutte de montagne. Ses réalités sont, j'imagine, parmi les plus étranges et les plus pittoresques de tout ce vaste conflit mondial. Je ne connais rien de la guerre

sur le front oriental, naturellement, mais il y a
ici des choses qui doivent être difficiles à surpas-
ser. Heureusement, justice leur sera bientôt rendue par une plume plus capable que la mienne.
J'apprends que Kipling doit me suivre sur cette
route ; rien ne peut être imaginé de plus approprié à son pouvoir extraordinaire de description
imagée que cette lutte contre les monts, les avalanches, le gel et les Autrichiens.

Pour faire le tour du front italien, il faut, entre
autres choses, une bonne tête. Partout, il a été nécessaire de faire des routes, là, où jusqu'ici, il n'y
avait eu que des chemins à mulets ou même pas
de chemins du tout ; les routes ne sont souvent
encore qu'en construction et l'automobile du touriste de guerre côtoie des précipices et prend des
tournants d'épingle à cheveux sur des chemins de
métal branlants et qui ne sont pas un pouce trop
larges pour cette opération, ou planc un instant
au-dessus du bord vertigineux, tandis qu'un con-
voi de mulets passe à côté en caracolant. L'imagination fougueuse du cœur de l'homme (qui n'est
« que le mal continuellement ») spécule sur ce que
seraient les conséquences d'un bon cahot de la
part de la roue d'une charrette à mule. Au fond,
en bas, les arbres qu'on aperçoit au travers d'un
léger nuage, paraissent beaucoup trop petits,
pointus et espacés pour qu'un homme de lettres
puisse espérer s'y accrocher dans sa chute. Et dans

les positions élevées, ils sont trop habitués à la
vie verticale pour comprendre les sentiments secrets du visiteur appartenant à la vie horizontale.
Le général Bompiani dont les écrits sont bien con-
nus en Angleterre de tous les curieux d'affaires
militaires, me montra le Gibraltar qu'il est en
train de faire d'un grand système de montagnes à
l'est de l'Adige.

« Permettez-moi de vous le montrer » me dit-il
et il se jette sur le bord du précipice dans l'exacte
position d'une femme à cheval. « Vous trouverez
peut-être plus confortable de vous asseoir ». Mais,
anxieux comme je le suis à l'étranger de ne pas
discréditer mon pays par des exhibitions inoppor-
tunes, je ne me sentis pas capable d'une telle
gymnastique sans une répétition convenable sur
une surface moins élevée. Je m'assis soigneusement à un mètre, peut-être deux, du bord, me
glissai sur mon pantalon, sans dignité aucune, jusqu'à la limite dangereuse et, non sans effort, laissai pendre mes jambes dans l'air cristallin.

— Ceci, poursuivit le général Bompiani, me désignant l'endroit avec un geste de sa cravache qui
me donna le vertige, c'est le Mont Tomba.

Je me penchai et étendis à moitié ma main vers
lui, mais il était encore là — assis pour ainsi dire
sur la moitié de lui-même... Je suis encore étonné
qu'il ne disparut pas abruptement durant ses
explications...

*

* *

La lutte dans les Dolomites a été peut-être la plus merveilleuse de toutes ces campagnes séparées dans la montagne. Je montai en automobile aussi loin que la nouvelle route escalade les flancs du Tofana n° 2 ; puis, à dos de mule, pendant un certain temps, les flancs du Tofana n° 1 et, de là, à pied jusqu'aux ruines du fameux Castellato.

L'aspect de ces montagnes est particulièrement désagréable et méchant ; ce sont de vieilles montagnes usées, elles se dressent au-dessus de votre tête en d'énormes falaises verticales d'un gris blafard, avec des fissures carrées et d'énormes crevasses et des ravins occasionnels, leurs sommets sont dentelés et ébréchés, le chemin monte et entoure le côté de la montagne sur des bouts de roches branlantes qui descendent à pic jusqu'à un mur de précipices un peu plus bas. Dans le lointain se dressent d'autres montagnes à l'aspect sauvage et désolé, avec parfois, de blanches cicatrices de vieille neige. Très bas, en dessous, se trouve une morne allée de sapins rabougris que traverse la route des Dolomites.

Comme je gravissais le chemin supérieur, deux soldats entourés de bandages descendaient sur des mules conduites à la main. C'était au milieu d'août et ils souffraient des pieds gelés. Traversant le grand vide entre les sommets, un tout petit voyageur, chargé de provisions, se rendait, le long d'un fil, à un poste sur la cime. Car partout sur les sommets glacials se trouvent des postes d'observation qui dirigent le feu des gros canons installés sur les pentes en dessous, ou des stations de mitrailleuses, ou de petites garnisons qui restent là assises, dans l'attente, tout le long des jours blafards. Ils n'ont souvent d'autres liens avec le monde en bas qu'une pente précipitée et un fil « téléfénique » ; la neige et le gel peuvent les couper absolument, pendant des semaines, du reste de l'humanité. Les malades et les blessés doivent commencer leur voyage, qui doit les descendre vers les soins et le confort, dans un panier au bout d'un câble qui glisse en se balançant jusqu'au haut du chemin en dessous.

Au début, toutes ces cimes étaient dans les mains des Autrichiens ; elles furent conquises par les Alpini dans des conditions presque incroyables. Pendant quinze jours, par exemple, ils luttèrent, pour se frayer un chemin le long de ces bouts de roches, sur les flancs du Tofana n° 2 jusqu'aux pointes ultimes, montant peut-être cent mètres par jour, se cachant derrière des rocs ou dans des trous pendant la journée et la nuit, recevant de nouvelles provisions de vivres et de munitions puis avançant à nouveau. Ils étaient exposés à un

feu de fusils, de mitrailleuses et à des bombes
d'une sorte particulière, de gros ballons de fer, de
la taille d'un ballon de football, remplis d'explosifs et qu'il suffisait de laisser glisser sur les
pentes. Ils évitaient la lumière et les fusées éclai-
rantes. A un certain endroit, ils réussirent à esca-
lader une cheminée qui ne pouvait être escaladée
que par des hommes d'une activité prodigieuse.
Cela devait ressembler à une attaque contre les
cieux. Les morts et les blessés roulaient souvent
dans des ravins inaccessibles. Des squelettes
épars, des loques d'uniformes, des débris d'armes
ajouteront à l'intérêt d'ascension de ces gigantesques masses durant de nombreuses années
encore. C'est de cette façon que le Tofana n° 2
fut pris.

Les Italiens organisent maintenant cette prise et
j'aperçus, serpentant très au-dessus de moi sur la
pente escarpée et grise, un cordon de petits animaux qui ressemblaient à des fourmis noires, portant chacune un petit œuf jaune brillant. C'étaient
des mules qui portaient des charges de bois...

Mais il était une position qui tenait invinciblement ; c'était le Castellato, une grande forteresse
naturelle de rochers se dressant à un angle de la
montagne, de telle façon qu'elle commandait les
communications italiennes (la route de Dolomite)
dans la vallée en dessous et rendait toutes leurs
positions peu confortables et peu sûres. Ce poste

désagréable était pratiquement inaccessible soit
d'en haut, soit d'en bas et il empêchait même aux
Italiens la vue du val Travenanzes qu'il défendait.
C'était en somme, une position inexpugnable.
C'était une position inexpugnable et contre elle, on
lança l'invincible cinquième groupe des Alpini.
C'était le vieux problème de la force irrésistible
contre le poste immuable. Et le résultat a été le
plus grand coup de mine militaire de toute l'histoire.

L'affaire commença, en janvier 1916, par l'examen du roc en question. La tâche d'examiner les
excavations, qui n'est jamais trop facile, devient
beaucoup plus difficile lorsque le site est occupé
par des personnes hostiles munies de mitrailleuses. En mars, lorsque les neiges d'hiver dimi-
nuèrent, les machines à percer commencèrent
à arriver, par mule aussi loin que possible, puis
ensuite portées ou traînées par des hommes. Dans
l'ensemble, une galerie d'un demi-kilomètre dut
être creusée jusqu'à la chambre de mine et, pendant ce temps, la gélatine était amenée, paquets
par paquets, et déposée d'abord ici, puis là, dans
des endroits discrètement choisis. Il y en avait, à
la fin, trente-cinq tonnes dans le fourneau. Et,
tandis que les machines à percer perçaient et que
le travail se poursuivait, le lieutenant Malvezzi
étudiait soigneusement le problème d' « *il mas-
simo effetto dirompimento* » et décidait exactement

où et comment faire exploser sa petite réserve. Le
11 juillet à trois heures trente, ainsi qu'il se ré-
jouit de le déclarer dans son rapport officiel, « la
mine répondit à la fois parfaitement aux calculs
faits et aux effets pratiques attendus », c'est-à-dire
que les Autrichiens manquèrent en grand nombre
et que les Italiens furent en possession du cratère
du Castellato, ayant sur le val Travenanzes cette
vue qui leur avait été interdite si longtemps. En
moins d'un mois, tout avait été si bien remis en
ordre et protégé par de nouvelles excavations et
des sacs de sable contre le feu ennemi que même
un écrivain anglais d'âge moyen, éreinté, suant et
essoufflé, put jouir du même privilège. Tout ceci,
vous devez le comprendre, s'était passé à un
niveau où grimpe rarement le touriste ordinaire ;
dans une atmosphère raréfiée et oppressante, avec
des flocons de nuage flottant dans l'air clair en
dessous et des huttes tout près...

Dans ces montagnes, les avalanches sont fré-
quentes, et elles descendent sans s'occuper le
moins du monde de la stratégie humaine. Dans
beaucoup de cas, les tranchées et les hommes qui
se trouvent dedans sont périodiquement balayés et
périodiquement remplacés. Ce sont des positions
qu'il faut maintenir ; si les Italiens ne suppor-
taient pas de tels sacrifices, les Autrichiens le
feraient. Les avalanches et le froid ont tué et mis
hors de combat des milliers d'hommes ; ces deux

éléments peuvent compter peut-être autant de vic-
times italiennes dans cette rude et vertigineuse
campagne que les Autrichiens...

*
*   *

Il semble qu'il fasse partie de l'austère résolution du Destin que cette guerre, la plus grande des
guerres, soit la moins glorieuse ; elle est en train
manifestement de se décider non par des vic-
toires, mais par des fautes. C'est à vrai dire une
histoire de stupidités colossales. Parmi les plus
décisives de ces fautes, celle qui ne peut être sur-
passée que par la faute de l'attaque de Verdun et
qui éclipse de beaucoup le raid désespéré des
Anglais vers Bagdad, ce fut la faute de l'offensive
du Trentin. Il n'est pas besoin d'avoir la compé-
tence d'un expert militaire, il ne faut qu'une connaissance ordinaire et une intelligence moyenne,
pour comprendre la folie de cette aventure autrichienne. On peut justifier cette prétention que la
bataille décisive de la guerre fut livrée sur le sol
de l'Italie. On pourrait encore la justifier davantage en disant qu'elle aurait pu l'être.

Il n'y eut qu'une bonne chose dans l'offensive
autrichienne. Personne ne pouvait s'en douter. Et
elle surprit si complètement les Italiens qu'elle les
trouva sans la moindre ligne de positions préparée

à l'arrière et la veille même de la grande offensive
russe, les Autrichiens jetaient dix-huit divisions à
la frontière du Trentin. Les postes italiens étaient
alors en territoire autrichien ; l'aile gauche et
l'aile droite tinrent, mais le centre dut reculer sous
le nombre formidable des hommes et des obus. Ils
perdirent des canons et des prisonniers à cause de
cette difficulté de retraite dans les montagnes dont
j'ai parlé précédemment et la ruée autrichienne
atteignit non pas la plaine de Venise, mais les pla-
teaux immédiatement au-dessus, Asiago et Arsiero. Ils voyaient probablement la plaine vénitienne par les interstices des montagnes, mais ils
en étaient cependant séparés, même à Arsiero, par
des monts d'une hauteur appréciable. Mais la
population italienne de ces délicieuses vieilles
villes, Vicence, Marostica et Bassano pouvait
voir les obus autrichiens éclater sur la dernière
des collines au-dessus de la plaine et je n'ai aucun
doute qu'elle ne devait pas se sentir très en sûreté.

Tout en traversant en auto ces villes magnifiques au fini remarquable ainsi que les riches vallées qui les réunissent — c'est un pays souriant où
abondent les vieux châteaux et les villes, Vicence
est un riche musée d'architecture de Palladio et
Bassano est remplie de constructions peintes ir-
remplaçables — je sentais qu'elles l'avaient
échappé belle, mais du point de vue militaire ce
ne fut simplement qu'une folle escapade. Les Au-

trichiens n'avaient derrière eux — et loin derrière
eux — qu'un petit chemin de fer étranglé et pas la
moindre bonne route ; leur droite était arrêtée à
Passubio et leur gauche était contenue de même
façon. Devant eux se trouvait deux ou trois fois
leur nombre de troupes de première qualité avec
un approvisionnement illimité. S'ils avaient sur-
monté cette dernière crête de montagnes, ils seraient venus chercher dans la plaine la destruction
la plus complète. Ils n'auraient jamais pu retour-
ner chez eux. On raconte que pendant un certain
temps le général Cadorna considéra cette possibilité. Du point de vue des considérations purement
militaires, l'offensive du Trentin aurait peut-être
fini à la capitulation de Vicence.

J'avoue que je suis heureux qu'il n'en fut pas
ainsi. Ce tour des fronts, avec sa suite de ruines
m'a rendu très triste et mélancolique. Je ne puis
supporter de voir de nouvelles ruines à moins
qu'elles ne soient celles de Dusseldorf, Cologne,
Berlin ou toute autre ville moderne allemande.
Anxieux comme je suis d'être un philistin systématique, d'exprimer mes préférences pour Mari-
netti contre l'Anglais florentin et généralement de
m'opposer aux fats de l'esthétisme, je me réjouis
dans ce pays ensoleillé comme quelqu'un pourrait
se réjouir de voir un enfant échapper aux bêtes.

Sur les monts derrière Schio, je pénétrai par
l'embrasure d'un gros canon dans une galerie

creusée dans le roc et je vis les points les plus élevés dont l'infanterie autrichienne s'empara dans
ses dernières et futiles attaques. En dessous de
moi se trouvaient les ruines recouvertes d'Arsiero
et de Velo d'Astico et de l'autre côté de la large
vallée se dressait le Monte Cimone avec les tranchées italiennes sur sa crête et les Autrichiens un
peu plus bas au nord. Un bombardement formidable était en cours et les échos le réfléchissaient
d'une façon magnifique. (Il n'y a que dans les
montagnes qu'on entende quelque chose qui
puisse s'appeler le tonnerre du canon. Les plus
gros bombardements que j'aie entendus en France
ressemblaient tout au plus, par le bruit, à un feu
d'artifice de gala sur une grande échelle et me
désappointèrent extrêmement.) Tandis qu'assis
j'écoutais ce bruit formidable et regardais les
obus éclater sur Cimone et beaucoup plus loin
dans la vallée par-dessus Castellato sur Pedescala,
le capitaine Pirelli me désignait les positions de
la frontière autrichienne. Je doute que le peuple
anglais comprenne que la plus grande profondeur
sur laquelle cette grande offensive du Trentin, qui
épuisa l'Autriche, gaspilla la fleur de l'armée
autrichienne et conduisit directement aux désastres de Galicie et à l'intervention de la Roumanie,
pénétra en territoire italien ne fut environ que de
six kilomètres.

III

DERRIÈRE. LE FRONT

§ 1ᵉʳ

J'ai une affection particulière pour Vérone et
certaines choses de Vérone. Les Italiens nous par-
donneront, à nous autres Anglais, cette petite
intrusion impertinente dans la propriété des
belles choses dont leur pays abonde. Ils sont tout à
fait libres de se venger en professant de la ten-
dresse pour Liverpool ou Leeds. Ce fut, par
exemple, avec une particulière et personnelle
indignation que je vis l'endroit où une bombe
aérienne autrichienne avait tué trente-cinq personnes sur la Piazza Erbe. Sur cette belle vieille
place, qui a toutes les qualités et l'apparence d'une
aimable et joviale petite vieille, ce me parut particulièrement un outrage. Et je fis un pèlerinage
spécial pour voir ce qu'il était advenu de ce monument de Can Grande, le Scaliger équestre au rica-

nement de coin, pour lequel je l'avoue, j'ai une ridicule admiration. Can Grande, je suis heureux de le dire, s'est retiré dans une construction en briques surmontée d'un toit de plaques de fer très épaisses fortement incliné. Il n'existe point d'aéroplanes pouvant porter une bombe capable de mettre en morceaux cette couverture, et là, dans l'obscurité, il continuera de sourire en sécurité jusqu'à ce que la paix soit revenue.

Tout au-dessus de la Vénétie les hydravions autrichiens font le même genre de raids idiots que font les zeppelins sur l'Angleterre. Ces raids n'accomplissent aucune œuvre militaire. Quel avantage militaire possible peut-il y avoir à jeter des bombes sur une foule qui fait son marché ? C'est une sorte de propagande anti-teutonique de la part des Puissances centrales à laquelle elles semblent être poussées par leur mauvais génie. C'est comme si elles voulaient nous convaincre qu'il y a une méchanceté essentielle chez l'Allemand et que jusqu'à ce que les puissances allemandes soient foulées aux pieds dans la boue elles continueront à faire du mal. Tous les alliés ont supporté la brutalité et la jactance de l'Allemagne avec une patience exemplaire pendant un demi-siècle ; l'Angleterre lui donna l'Héligoland et s'écarta de son chemin lors de son expansion coloniale ; l'Italie fut un terrain de chasse heureux pour ses entreprises commerciales, la France était presque arrivée à la résignation au sujet de l'Alsace-Lorraine. Et voici qu'en outre et par-dessus le grand outrage de la guerre, surviennent ces atrocités incessantes et d'un esprit mesquin. Il est possible de pardonner une grande et simple méchanceté ; la guerre elle-même, si elle avait été livrée noblement par l'Autriche et l'Allemagne, n'aurait pas produit une rupture aussi profonde et aussi durable que ces stupides et futiles assassinats ont causé entre les Austro-Allemands et le reste du monde civilisé. Un grand méfait est une chose compréhensible et pardonnable ; ce qui croît dans la conscience du monde c'est la persuasion qu'ici nous ne combattons pas un péché national mais une démence nationale et que nous n'osons pas laisser aux Allemands le pouvoir d'attaquer dorénavant les autres nations.

Venise a souffert particulièrement de cette impulsion simiesque à blesser et à terroriser les non combattants ennemis. Venise a, à vrai dire, souffert de cette guerre beaucoup plus que n'importe quelle autre ville d'Italie. Son commerce a cessé en grande partie, elle n'a plus de visiteurs. Je m'éveillai en route vers Udine et découvris que j'avais une heure à passer à Venise en attendant mon train ; après un examen minutieux de mon passeport on me permit de sortir du quai de la gare, de prendre au buffet une tasse de thé et de jeter un coup d'œil sur un Grand Canal bien triste et bien silencieux. Il n'y avait pas le moindre mouvement ; une noire gondole, reste désespéré de la vieille flottille, se balançait mélancoliquement contre le quai. Aucune concurrence pour s'arracher le voyageur possible ; un petit gamin descendit le quai pour me voir de plus près. Les palais vides paraissaient dormir dans le sommeil matinal parce qu'il ne valait pas la peine de s'éveiller...

§ 2

Excepté dans le cas de Venise, la guerre ne semble pas avoir produit encore une aussi vive impression sur la vie italienne qu'elle l'a fait en Angleterre et dans la France de province. Les gens parlent de l'Italie comme d'un pays pauvre, mais c'est du point de vue bancaire. Par certains côtés elle est le pays le plus riche sur terre, et quant à sa puissance en réserve elle est mieux placée que n'importe quel autre belligérant. Elle produit partout et en abondance de la nourriture ; ses femmes sont des travailleuses agricoles, de sorte que l'interruption dans la production alimentaire s'est moins fait sentir en Italie qu'en toute autre partie d'Europe. En temps de paix elle a constamment exporté la main-d'œuvre ; l'ouvrier italien a été toujours un émigrant opportun en Amérique du nord et du sud, en Suisse, en Allemagne et dans le midi de la France. La cessation de cette émigration lui a donné de grandes réserves d'hommes, qui lui ont permis de faire son admirable campagne avec moins de gêne dans sa vie économique normale que n'importe quelle autre puissance. La première personne à laquelle je parlai sur le quai de Modane fut un officier anglais employé à expédier des pommes de terre italiennes sur le front anglais en France. Par la suite à mon retour, tandis qu'une petite irrégularité de passeport me retenait une demi-journée à Modane, je fis une promenade à pied avec lui le long des passes tortueuses qui descendent en France. « Vous voyez des centaines et des centaines de nouvelles voitures Fiat, remarqua-t-il, qui passent par ici — se rendant au front français. »

Mais il y a échange de commerce. Auprès de Paris je vis des milliers d'obus entassés, prêts à partir pour l'Italie...

Je doute que le peuple anglais comprenne la vigueur économique ou le courage politique de son allié italien. L'Italie ne livre pas seulement une guerre de première classe d'une façon de première classe, mais en combattant elle fait une chose grande, dangereuse, généreuse et prévoyante. La France et l'Angleterre étaient obligées de combattre ; la nécessité en était aussi claire que le jour. La participation de l'Italie exi-

geait une sagesse beaucoup plus lointaine. Par la
suite, elle eût été finalement avalée économiquement et politiquement par l'Allemand si elle
n'avait pas combattu ; mais ce n'était pas une
chose qui lui sautait aux yeux comme le danger,
l'insulte et le défi sautaient aux yeux de la France
et de l'Angleterre. Ce qui lui sauta aux yeux ce
n'était pas seulement un risque militaire et politique considérable, mais la rupture de liens très
intimes financiers et commerciaux ? Partout où
j'allai en Italie je trouvai que les hommes réfléchis s'occupaient de deux choses seulement :
l'énigme yougo-slave et la question financière
d'après-guerre. Autant que la première est concernée, je crois que les Italiens ont trouvé la solution juste de toutes les énigmes de ce genre, ils
possèdent une générosité intelligente. Ils s'emploient clairement à mériter l'amitié des Yougo-
Slaves. Ils comprennent la claire nécessité de
routes franches et amicales vers la Roumanie. Ce
fut un Italien qui se disposa à m'expliquer le premier que Fiume doit être un port libre ; ce serait
une erreur de couper de la Méditerranée le commerce de la Hongrie. Mais l'énigme bancaire est
une question beaucoup plus complexe et plus
inquiétante que la possibilité de troubles entre les
Italiens et les Yougo-Slaves.

J'écris sur ces choses avec la simplicité d'un
ange, mais sans détachement angélique. Ce sont là

des questions dans lesquelles on se laisse plutôt
pousser à contre-cœur qu'on ne s'y précipite avec
fougue. La monnaie et la banque sont des questions ennuyeuses, mais il est clair qu'elles sont
beaucoup trop entre les mains des marchands de
mystères ; c'est autant le devoir de quiconque
parle et écrit sur les affaires publiques, c'est
autant le devoir de tout adulte intelligent d'amener son esprit, peut-être pauvre et inapproprié, à
s'occuper de ces choses, que ce l'est pour lui de
voter, de s'engager ou de payer ses impôts. Derrière le simple spectacle ostensible de l'Italie re-
couvrant l'Italie non délivrée du Trentin et de la
Vénétie orientale un autre drame se déroule.
L'Italie est-elle tombée dans quelque chose plutôt
difficile à définir, appelé « l'esclavage politique » ?
S'échappe-t-elle ou non de cette servitude magique ? Avant que cette question ait été en discussion plus d'une minute un nom surgit — pendant
longtemps je fus réellement incapable de décider
si c'était le nom du traître de la pièce ou de
l'héroïne diffamée, d'une société secrète ou d'une
mine d'or, d'un poison ou d'une illusion — le nom
de la *Banca Commerciale Italiana.*

La banque dans un pays ayant subi un développement économique aussi rapide et vigoureux
que l'Italie est très différente de la banque que
nous autres, simple peuple anglais, connaissons
chez nous. La banque en Angleterre, comme la

propriété foncière, a jusqu'ici été une sorte de barrière. Il y a toujours eu des emprunteurs, il y a
toujours eu des propriétaires et tout ce qu'il y
avait à faire c'était de refuser, obstruer, retarder
et ennuyer le malheureux emprunteur ou futur
propriétaire jusqu'à ce que le maximum de sécurité et de profit fût atteint. Je n'ai jamais emprunté, mais j'ai fait construire et je connais
quelque chose de l'extrême arrogance de la propriété en Angleterre envers un homme qui veut
faire quelque chose avec un coin de terrain et je
suppose que c'est la même chose avec de l'argent.
Mais en Italie, qui déjà possédait une prospérité
ensoleillée qui lui était personnelle et régie encore
par des lois médiévales, le banquier dut être insinuant et persuasif, sympathique et secourable.
C'est là une attitude inconnue au capital anglais.
Le champ a paru beaucoup plus attrayant au
banquier allemand qui est moins un usurier
orgueilleusement impassible et davantage un
associé, qui demande moins qu'une sécurité absolue parce qu'il examine toutes les affaires beaucoup plus industriellement et intelligemment.
Cette grande banque, la Banca Commerciale Italiana est une banque d'un genre allemand : pour
commencer elle fut certainement dirigée par des
Allemands ; c'était une banque de stimulation et
elle se trouve mêlée maintenant intimement à toute
la vie commerciale italienne. Mais elle s'est débar-

rassée de l'influence allemande et la majorité de
son capital est italien. Néanmoins je trouvai que
des discussions avaient lieu au sujet de ce qu'*était*
essentiellement la Banca Commerciale, ensuite sur
ce qu'elle pourrrait *devenir*, troisièmement ce
qu'elle pourrait *faire* et finalement ce qu'il fallait
lui faire s'il y avait quelque chose à faire.

C'est une nouveauté pour un cerveau anglais de
trouver la banque ainsi mêlée à la politique, mais
ce n'est pas une nouveauté en Italie. Par toute la
Vénétie il y a des banques agricoles qui sont dites
« cléricales ». J'essayai de percer ce mystère.
« Comment sont-elles cléricales ? » demandai-je au
capitaine Pirelli. « Prêtent-elles de l'argent sur de
mauvaises garanties à des électeurs cléricaux et
refusent-elles d'en prêter à n'importe quelles conditions aux anti-cléricaux ? » Il pensait comme
moi. « *Pecunia non olet* », répondit-il ; « je n'ai
jamais senti un billet de cinquante lire clérical »... Mais, d'un autre côté, l'Italie est très près
de l'Allemagne ; il lui faut de l'argent comptant
pour son développement, du charbon bon marché,
un marché pour ses divers produits. Le cas contre
les Allemands, ce cas dans lequel la Banca Commerciale Italiana apparaît, injustement j'en suis
convaincu, comme suspecte, est qu'ils ont trans-
formé cet échange naturel et convenable avec
l'Italie en une acquisition de pouvoir allemand ;
qu'ils n'ont pas été simplement des commerçants

mais des agents patriotiques. On dit qu'ils employèrent leurs premiers efforts bancaires en Italie à favoriser les entreprises allemandes et l'influence politique allemande contre le développement des affaires spécialement italiennes ; que leurs marchands ne sont pas des individus *bona-fide*, mais les membres d'une conspiration nationaliste pour obtenir le pouvoir économique. L'Allemand est un monomane du patriotisme. Ce n'est pas un homme mais un membre, l'adorateur d'une effigie nationale, le doigt d'une Allemagne dangereusement orgueilleuse et gourmande et nous en avons là les conséquences naturelles.

Le cas de l'Italien en tant qu'individu est *grosso modo* celui-ci : « Nous n'aimons ni les Autrichiens, ni les Allemands. Ces Impérialismes ont toujours regardé par-dessus les Alpes. Tout ce qui accroît l'influence allemande ici menace la vie italienne. L'Allemand est d'abord un Allemand, puis ensuite un être humain... Mais d'un autre côté l'Angleterre semble commercialement nous regarder avec indifférence et la France nous fut économiquement hostile... »

Après tout, dis-je bientôt après réflexion, c'est toujours la question de *Pecunia non olet*. On mena grand bruit jadis autour des emprunts européens en Chine, et un des thèmes favoris du roman et du drame anglais avant la guerre, c'était la malheureuse position de la jeune fille qui accepte un prêt du méchant homme pour payer ses dettes de bridge.

— L'Italie, répondit le capitaine Pirelli, n'est pas une jeune fille. Et elle n'a pas joué au bridge.

Dans l'ensemble, je me rallie à son point de vue. L'argent est un produit cosmopolite facile. Je crois que toute banque qui s'est établie en Italie, lentement et systématiquement se naturalise italienne et qu'elle deviendra de plus en plus italienne jusqu'à ce qu'elle le soit complètement. J'ai confiance que l'Italie rendra et conservera italienne la Banca Commerciale Italiana. Je crois que la cervelle italienne est un article bien supérieur à la cervelle allemande. Mais cependant, j'ai entendu des gens parler de l'organisation en question comme si elle était engagée dans la duplicité la plus insidieuse. « Attendez seulement qu'une année se soit écoulée après la guerre, me dit une « autorité » anglaise, et le masque tombera : elle redeviendra franchement une *Deutsche Bank*. » On m'assure que les entreprises allemandes seront à nouveau favorisées au détriment des entreprises italiennes et alliées, que la bonne entente entre les Italiens et les Anglais sera empoisonnée, et tout cela entièrement par cette organisation...

L'homme raisonnable et ignorant des choses du commerce aimerait à repousser tous ces dires comme de la « suspicio-manie ». Tant que la Banca Commerciale Italiana est concernée du moins,

cela m'est facile, je cite cet exemple simplement
parce que c'est un cas sur lequel la suspicion a été
amplement jetée, mais envers des tas d'autres
organisations d'affaires ce n'est pas aussi facile de
dissiper la suspicion. Cette guerre a été une surprise désagréable pour tous les hommes raisonnables du monde entier. Ils ont été obligés de comprendre qu'en somme un grand nombre d'Allemands avaient été engagés dans une conspiration
écervelée contre le monde non allemand ; que dans
beaucoup de cas lorsqu'on fait des affaires avec
un Allemand, ces affaires ne se terminent pas avec
l'Allemand individuel. Il nous déplaisait de croire
qu'une affaire pouvait être teintée par des associés
allemands ou des associations allemandes. Si
maintenant, nous errons du côté de la suspicio-
manie, c'est le petit faible allemand pour la mauvaise foi patriotique qu'il faut blâmer...

Mais, de toute façon, je ne crois pas qu'il y ait
grand'chose de bon dans cette sorte de chasse
mystérieuse parmi les entreprises italiennes pour
découvrir l'Allemand caché. Certaines choses sont
nécessaires à la prospérité italienne et l'Italie doit
les obtenir. Les Italiens ont besoin d'un capital
intelligent et utile. Ils veulent une France secourable. Ils veulent du charbon bitumineux pour leur
métallurgie. Ils veulent des transports à bon marché. Les Français aussi veulent du charbon métal-
lurgique. Il est des plus important pour la civi-

lisation, pour la bonne entente générale des Alliés et pour la Grande-Bretagne que ces besoins soient satisfaits, plutôt que les capitalistes ou les armateurs individuels anglais restent paresseusement riches en exigeant des garanties et des frets élevés. Ce contrôle de l'industrie minière et des transports anglais dans l'intérêt national — pour l'intérêt national — plutôt que pour la création de ce type particulier de fortune passive, gênante et inutile du simple profiteur, est une nécessité aussi urgente pour le bien-être commercial de la France et de l'Italie et la continuation de la grande Alliance que pour le simple citoyen anglais.

*
*   *

Je quittai mon guide militaire à Vérone le dimanche après-midi et, après avoir soigneusement abandonné dans le train quelques-uns de mes « souvenirs » les plus volumineux, j'atteignis Milan à temps pour dîner chez Salvini, dans la Galerie Vittorio-Emmanuelo avec un confrère italien. L'endroit était aussi plein que jamais ; nous dûmes attendre pour avoir une table. Il est à remarquer qu'on voyait un grand nombre de jeunes gens, qui n'étaient pas en uniforme, à Milan, à Turin, à Vicenza et à Vérone ; nulle part on n'avait l'impression d'un manque d'hommes. Partout régnait la plus vive et la plus joyeuse animation. Les dîneurs regardaient autour d'eux en parlant, certains parlaient à voix haute et semblaient exprimer des sentiments personnels. Des crieurs de journaux apparaissaient à l'intersection des arcades, poussant des cris ambigus et faisant un commerce fructueux de leurs blanches feuilles volantes parmi les petites tables.

— Ce soir, me dit mon compagnon, je crois que nous allons déclarer la guerre à l'Allemagne. La décision en a été prise.

Intelligemment, je lui demandai pourquoi ceci n'avait pas été fait plutôt. J'ai oublié l'explication précise qu'il me donna. Un jeune soldat en uniforme, qui dînait à une table adjacente et que je n'avais pas reconnu avant comme un écrivain que j'avais rencontré quelques années auparavant à Londres, se joignit soudain à notre conversation, avec une explication légèrement différente. J'avais jusqu'ici tenu la conversation dans un français gauche, mais je retombai dans l'anglais.

En réalité, l'affaire de cette déclaration de guerre est aussi claire que le jour ; la conscience nationale italienne n'eut pas, au début, ce sentiment direct du danger allemand qui existe dans l'esprit des trois alliés du Nord. Pour l'Italien, l'ennemi traditionnel est l'Autriche et cette guerre n'a pas, avant tout, d'autre but que l'émancipation de l'Italie. De plus, nous devons nous rap-

peler que pendant des années, il y a eu un sérieux
« frottement » commercial entre la France et l'Italie
et de considérables coups de coudes mutuels dans
l'Afrique du Nord. Français et Italiens sont résolus aujourd'hui à remédier à cela, mais le retour
des relations amicales et réellement sincères ne se
fera pas en un jour. Ç'a été la malchance extraordinaire de la Grande-Bretagne qu'au lieu de retirer courageusement sa navigation de commerce
des mains de ses armateurs et de s'en servir, sans
s'inquiéter de leurs bénéfices, dans son intérêt et
celui de ses alliés, son gouvernement ait permis
que tout ce qui n'avait pas été réquisitionné pour
les besoins militaires et maritimes continuât à rap-
porter des bénéfices que le Gouvernement lui-
même a partagés par un impôt sur les bénéfices
de guerre. Les éléments anglophobes de la vie
publique italienne ont fait le plus grand usage de
cette folie ou de cette impuissance, plus particulièrement à propos de la cherté conséquente du
charbon en Italie. Ils ont mené une campagne
étonnamment efficace dans laquelle, cet inconvé-
nient, qui est dû uniquement à notre faiblesse
anglaise envers l'individu profiteur, est représenté
comme s'il était causé par la gourmandise déli-
bérée de l'Etat britannique.

Ceci contribua certainement beaucoup à fortifier
son peu d'inclination à fermer sa porte à l'Allemagne et à rompre tous rapports avec elle,

Je fis de mon mieux pour faire comprendre à mes deux amis que bien que l'Angleterre exploitât l'Italie, je souffrais moi-même exactement de la/ même façon que tout Italien, à cause des libertés extraordinaires de notre commerce maritime. « Je paie tout autant que vous, dis-je ; le blocus de l'Angleterre par les armateurs est plus efficace que celui des sous-marins. Ma nourriture, mon charbon, mon pétrole me sont restreints au nom sacré de la propriété privée. — Vous le voyez, le capital, en Angleterre, n'a pas été jusqu'ici une exploitation, mais une barrière. Nous apprenons à agir différemment maintenant... Et en tout cas, M. Runciman est venu ici et a donné à l'Italie des espérances... »

Dans le train de Modane, cette vieille histoire se renouvela. Il est impérieux que les lecteurs anglais se rendent compte de la façon formidable dont ces petites affaires ont été *employées* par l'ennemi.

Quelques civilités sans importance amenèrent une conversation qui révéla que la dame italienne, dans le coin, était une Irlandaise mariée à un Italien et fit se souvenir de quelques bribes d'anglais une très charmante vieille dame qui était assise en face d'elle. Elle avait entendu un discours, un discours merveilleux, adressé d'un train par « le lord Runciman ». Il avait dit de l'Italie les choses les plus magnifiques.

Je fis de mon mieux pour faire écho à ces magnifiques choses.

Puis l'Irlandaise remarqua que Mr. Runciman n'avait pas satisfait tout le monde. Elle et son mari s'étaient trouvés avec un ministre — je découvris par la suite que c'était un membre du ministère Giolitti — qui avait parlé avec mépris et bruyamment du trafic que l'Angleterre faisait avec l'Italie. Je lui assurai que le désir de l'Angleterre était simplement de donner à l'Italie tout ce dont elle avait besoin.

— Mais, intervint le mari, Mr. Runciman est un armateur.

Je lui expliquai qu'il n'en était rien. Il est vrai qu'il sortait d'une famille d'armateurs — et avait peut-être hérité d'une légère tendance à voir les choses du point de vue de l'armateur — mais en Angleterre, nous ne soupçonnions point un homme pour une telle raison.

— En Italie, je crois que nous le ferions, dit le mari de la dame irlandaise.

*

* *

Cette petite discussion incidente est une partie nécessaire de mes impressions de l'Italie en guerre. Les deux alliées occidentales et la Grande-Bretagne en particulier, doivent se rappeler les besoins économiques de l'Italie et être prêtes à les sauver de l'exploitation aveugle du bénéfice privé. Elles doivent se rappeler ces besoins parce que, si on les laisse en dehors du tableau, il devient alors impossible de comprendre toute la mesure du risque que l'Italie a couru en entreprenant cette guerre pour une idée. Avec une lucidité latine, elle a compté tous les risques et avec un idéalisme latin, elle a pris sa place à côté de ceux qui se battent pour une civilisation libérale contre un impérialisme byzantin.

Comme je sortais de la Galerie Vittorio-Emmanuelo brillamment éclairée dans la Piazza del Duoma plongée dans les ténèbres, je m'arrêtai sous l'arcade et restai un instant à regarder l'obscurité ombreuse de cette vaste grange à tourelles, ce gâteau de mariage en marbre, qui est, je suppose, la dernière forteresse méridionale du gothique franco-anglais.

— C'est ici, dit mon hôte, que nous avons brûlé la camelote allemande.

— Quele camelote allemande ?

— Des pianos et toutes sortes de choses qu'ils vendaient ici. Il est possible, vous le savez, d'acheter des choses trop bon marché et de payer trop cher ce bon marché.

LA GUERRE OCCIDENTALE

(Septembre 1916)

I

RUINES

§ 1ᵉʳ

Si j'avais à présenter une scène particulière comme exemple de la vilenie et de la barbarie de cette guerre moderne que l'Allemagne a élaborée et jetée sur le monde, je ne crois pas que je choisirais l'une ou l'autre de ces formidables destructions architecturales qui semblent impressionner le plus les écrivains contemporains. J'ai vu les dégâts et les ruines des cathédrales d'Arras et de Soissons et la destruction de la grande église de Saint-Eloi, j'ai visité l'hôtel de ville d'Arras et vu des photographies de l'état actuel de la Halle aux Toiles d'Ypres — monument que je connaissais particulièrement dans ses jours de splendeur — et je n'ai pas été très profondément ému. Je suppose qu'on s'habitue un peu aux ruines gothiques et qu'il y a toujours quelque chose de monumental dans les vieilles constructions ; c'est tout simplement une question de degré selon qu'elles sont plus ou moins en morceaux. Je fus beaucoup plus désolé par la destruction de ces villages comme Fricourt et Dompierre et par l'état horrible des champs et des jardins qui les entourent, et ma visite à la gare d'Arras me donna toutes les sensations que m'aurait procurées la découverte soudaine d'un cadavre fraîchement assassiné.

Avant que j'eusse visité les villages repris dans la zone actuelle de combat, je pensais que leur évacuation n'était que temporaire, qu'aussitôt que la ligne de guerre reculerait vers l'Allemagne les populations des villages dévastés reviendraient construire leurs maisons et labourer leurs champs. Mais je comprends maintenant que non seulement les habitations et les villages sont impossibles à reconnaître mais les champs sont détruits. Ce ne sont plus que des déserts de trous d'obus ; le vieux sol travaillé est enterré et de grosses masses de terre inculte ont été jetées dessus. Aucune charrue ordinaire ne pourra jamais labourer cette mer de glace, sans compter que partout des tronçons d'arbres, d'horribles écheveaux emmêlés de fil de fer rouillé, des éclats déchiquetés de gros obus et un grand nombre d'obus non explosés — car la proportion de ces derniers a été jusqu'à un sur quatre ou cinq — s'ajoutent à ce galimatias. Souvent ce chaos est teint en jaune par de puissants explosifs et au travers serpentent les tranchées et

les boyaux de communication profonds de huit,
dix ou douze pieds ; ces tranchées qui ne sont que
des trous d'eau et des trous de boue dans lesquels
les bêtes tomberont. Il paraît incroyable qu'on
puisse récolter des moissons avant de nombreuses
années dans toute cette région où a lieu la poussée.
Il n'y reste point d'ombre, les arbres du bord de la
route sont des souches éparses qui n'auront jamais
la force de faire pousser une feuille, quelques
chardons rabougris et quelques mauvaises herbes
sont les seules preuves que la vie continue.

Les villages de cette vaste région de bataille ne
sont pas en ruines, ils sont annihilés. Il est tout
juste possible d'y retrouver la trace des routes
parce que les routes ont du être débarrassées et
réparées pour le passage des canons et des munitions. Fricourt est un labyrinthe de casemates
allemandes. On y trouve en particulier certaine
casemate qui promet de devenir un lieu de visite.
Ce doit être le chef-d'œuvre de quelque génie cons-
tructeur de casemates ; il semble que ses construc-
teurs prenaient plaisir à ce travail ; on dirait
l'œuvre de quelque horrible blaireau parmi les
vestiges de ce qui fut d'agréables demeures
humaines. On vous fait descendre un escalier de
bois qui vous conduit dans cette garenne de chambres et de couloirs ; on vous montre les endroits
sous les trous des gros obus anglais qui ébran-
lèrent le bois, mais ne pénétrèrent pas. (Toutefois

l'arrivée de ces obus dut causer aux occupants un sérieux moment d'inquiétude.) Il s'y trouve une série d'ingénieux puits de fuite munis d'échelles aux barreaux de fer. En cet endroit les officiers et les soldats allemands ont vécu pendant près de deux années. Cette guerre est en réalité une propagande troglodyte. Vous remontez finalement à l'autre extrémité dans ce qui fut jadis la cave d'un honnête bourgeois français.

Mais il y a des refuges souterrains encore plus étranges que celui de Fricourt. A Dompierre les tranchées allemandes entouraient le cimetière, ils enlevèrent les morts de leurs caveaux et firent des repaires de leurs tombaux. Je visitai ce lieu avec M. Joseph Reinach, nous frayant soigneusement un chemin à travers les trous boueux et les fils de fer et regardant les obus qui éclataient au loin au-dessus de la ligne de bataille qui s'éloignait. Cette destruction des tombes évoquait Dürer. Ici c'était un fragment d'ange de marbre, là une pierre fendue avec une inscription. Des éclats de cercueils, des croix de fer rouillées et des pétales de fleurs d'étain étaient piétinés dans la boue, au milieu de l'universel fil de fer barbelé. A quelque distance en bas du coteau un cimetière tout nouveau, avec ses nouvelles couronnes de métal et même quelques fleurs ; c'est une suite de rangées de croix de bois uniformes, chacune portant une liste de noms de soldats. A moins que je ne me trompe grossièrement aucun Allemand n'aura jamais plus l'occasion de profaner ce second cimetière comme ils profanèrent le premier.

Passant par-dessus des tas de boue et de débris qui avaient été jadis des maisons, nous gagnâmes le centre du village de Dompierre et nous essayâmes de nous faire une idée de ce qu'avait été jadis cet endroit. Beaucoup de choses sont encore reconnaissables à Dompierre qui sont entièrement disparues à Fricourt ; par exemple on peut voir encore se dresser à Dompierre de grands morceaux de mur triangulaires. Et à un kilomètre environ en bas de la côte, sur la route d'Amiens, les ruines de la raffinerie de sucre sont très distinctes. Une raffinerie de sucre est un ensemble de grands réceptacles de fer et de vastes conduits et tuyaux, et le fer ne s'abat pas sous le feu de l'artillerie comme la pierre ou la brique. Toute la fabrique était rouillée, tordue, brisée, avec de grands trous d'obus béants, formant un étalage des plus hétérogènes de vieille ferraille, mais elle gardait cependant sa forme générale, ainsi qu'un cuirassé coulé après une lutte opiniâtre doit le faire au fond de l'Océan.

Il ne restait même pas un chien de la première vie de Dompierre. D'ailleurs il n'y avait pas beaucoup de trafic de guerre ce matin-là sur la route fatiguée et boueuse. Les canons mugissaient à quelques kilomètres à l'ouest, et une alouette chantait. Mais à quelque distance de là se trouvait un hôpital auxiliaire d'évacuation, fait de bois et de toile goudronnée et des infirmiers mettaient deux blessés dans une voiture d'ambulance. Les hommes couchés sur les brancards avaient le visage tout gris, ils sortaient de la boue et on aurait dit qu'ils avaient été piétinés par une gigantesque botte sale.

Comme nous revenions vers l'endroit où notre voiture nous attendait près du cimetière, j'entendis les pas d'un cavalier qui venait derrière nous. Je me retournai et me trouvai en face de l'un des plus bizarres contrastes qui semblent arriver continuellement dans cette guerre incroyable. Cet homme était, je suppose, un officier indigène de quelque régiment de cavalerie de l'Afrique du Nord française. C'était un bel Arabe, très brun, portant une longue robe d'un blanc jaune et une haute coiffure autour de laquelle se trouvait une bande de peau de mouton. Il avait un de ces petits chevaux longs et minces, à la queue très longue, qui sont je crois des chevaux de Barbarie, sa selle archaïque se dressait devant et derrière lui et les bouts retournés de ses souples bottes de cuir étaient coulés dans de grands étriers d'argent. On pouvait croire qu'il sortait directement des Mille et une Nuits. Il passa pensivement, poussant délicatement son cheval parmi les fils de fer et les trous d'obus, puis arrivé sur la route il prit le

galop et disparut dans la direction de la raffinerie
en ruines.

§ 2

Dans ces villes telles que Reims, Arras ou Soissons, on remarque une sorte de calme expectant
qui ne ressemble à rien de ce que j'ai encore vu.
A Arras la situation est presque incroyable pour
un cerveau civil. Les Anglais tiennent la ville, les
Allemands tiennent un faubourg au nord ; à un
certain endroit auprès de la rivière les tranchées
sont juste à quatre mètres l'une de l'autre. Cet état
de tension dure depuis de longs mois.

A moins qu'on ne contemple une très forte
attaque, je suppose qu'il n'y aurait pas d'avantages à faire un assaut. De l'autre côté de cet étroit
intervalle, nous n'obtiendrions que des tranchées
qu'il serait difficile ou presque impossible de
tenir ; il en serait d'ailleurs de même pour les
Allemands qui s'aventureraient de notre côté. Mais
on y observe une sorte d'étiquette ; tout vulgaire
parler haut d'un côté ou de l'autre des quatre
mètres amène immédiatement un lancement de
bombes. Et pendant ce temps, des deux côtés, des
canons de divers calibres entretiennent un feu
intermittent, les canons allemands pointant — je
crois que c'est le terme exact — sur la croix de la

cathédrale d'Arras, tandis que les canons anglais cherchent amoureusement les batteries allemandes. Comme l'on marche le long des rues silencieuses on entend : « Beng — fiiiie — ouuu » et au loin : « Deunp. » C'est un des nôtres. Puis bientôt revient : « Fiiiie — ouuu — beng ! » C'est un des leurs.

Au milieu de ces plaisanteries, la vie de la ville continue. Les boutiques font des affaires derrière leurs volets fermés. Les cafés resplendissent. Le *Lion d'Arras*, un excellent journal illustré, publie ses vaillantes feuilles et l'a fait depuis le commencement du siège.

Le dernier numéro du *Lion d'Arras* avait à enregistrer un succès local allemand. La nuit précédente ils avaient tué un gendarme. Des funérailles publiques allaient avoir lieu en grande pompe. Il est rare que quelqu'un soit tué maintenant, tout est tellement systématisé.

On peut acheter des cartes postales avec des vues de la destruction à ses différentes époques et les envoyer avec le timbre d'Arras. Une certaine activité commerciale règne même dans la ville. Il y a, m'a-t-on dit, une arrivée considérable de visiteurs d'un genre spécial ; ils sont habillés de kaki et mènent une vie de Troglodytes. Ils jouent aux cartes, bavardent et dorment à l'ombre, mais ils ne peuvent marcher dans les rues. J'aperçus une cave très sombre qui était absolument pleine. De

temps en temps on voit un soldat anglais, en
quelque mission spéciale ; il garde le trottoir, son-
geant au ballon saucisse allemand qui espionne
en l'air. Les rues sont étrangement calmes et
l'herbe pousse entre les pierres.

L'Hôtel de Ville et la Cathédrale ne sont maintenant presque rien de plus que des tas de débris,
mais beaucoup de rues de la ville ont peu souffert.
Çà et là, une maison a été abattue, deux ou trois
ont été coupées en deux, la façade se trouvant
réduite à un tas de pierres et la moitié des chambres restant en place, si bien qu'on peut voir le lit,
le bout du tapis qui pend, l'armoire ouverte, les
tableaux encore accrochés au mur. A un endroit
une lampe se dresse sur une commode, que soutient un plancher complètement séparé du monde
en dessous... fiiiiie — ouuu — beng ! Le calme
vous rappellerait irrésistiblement un après-midi
de dimanche dans la cité de Londres, s'il n'y avait
pas ces explosions qui ne signifient rien.

Je me rendis à la gare, une gare de chemin de
fer morte. Un avis nous recommandait de longer
la place silencieuse par le trottoir extérieur et non
de la traverser. Le ballon saucisse allemand ne
s'était pas montré depuis quelques jours ; il était
probablement parti pour la Somme ; la Somme
était précisément à ce moment un tourbillon terrible qui engloutissait les ressources de toute la
ligne allemande ; mais cependant la discipline,

c'est la discipline. La saucisse pouvait revenir regarder à tout instant au-dessus du toit de la gare, et nous longeâmes le trottoir. On se battit pour Arras dès le début de la guerre ; deux rangées de parapets de sacs de sable traversent encore la gare ; l'une se trouve à l'endroit où les porteurs mettent les bagages sur les voitures et l'autre le long du quai. La gare était une belle gare du type moderne, avec un toit vitré dont la charpente reste seule tandis que le verre poudroie sur le sol et semble sous les pieds un fin gravier angulaire. Les rails sont rouillés, des herbes et des plantes de toutes sortes poussent parmi le ballast. Les salles d'attente ont reçu la visite d'un ou deux obus, mais il y a toujours les canapés de peluche verte, un peu dérangés de leur place. Une réclame d'une compagnie de navigation pend au mur dans son cadre, la vitre est brisée. On dirait qu'un géant se serait appuyé contre le guichet des billets ; sur une table et sur le plancher un grand nombre de billets sont éparpillés, la plupart encore en paquets, pour Douai, Valenciennes, Lens, etc..., ces billets sont des souvenirs trop portatifs pour que je résiste à la tentation d'en emporter. Je cède à cette faiblesse commune.

Je sortis et regardai du haut en bas de la ligne ; deux wagons de marchandises abandonnés restaient là, comme s'ils étaient abrités sous une passerelle. L'herbe poussait entre leurs roues. Les signaux du chemin de fer paraissaient incertains dans leurs indications ; certains étaient levés et d'autres baissés. Et tout cela était aussi calme et vide que Pompéi par un après-midi d'été. Aucun train n'a entré dans Arras depuis maintenant deux longues années.

Nous déjeunâmes dans un jardin ensoleillé avec divers hommes qui aiment Arras, mais en sont fatigués et nous discutâmes sur la politique, irlandaise et autre. Nous discutâmes aussi sur ce point : y a-t-il un équivalent anglais pour *embusqué*. De temps à autre un obus passait au-dessus de nous — un obus sans but.

Une certaine activité marqua notre départ de la ville. Il est possible que les Allemands prêtent aussi l'oreille aux bruits rares d'une automobile. En tout cas au moment précis où nous allions partir pour rentrer — il n'est pas nécessaire de dire le point exact d'où nous partîmes — vint un « fiiie — ouuuu. » C'était très proche. Mais il n'y eut pas de beng ! Nous restions là le cerveau tendu et désappointé. L'obus n'explosa pas.

Et, soudain, je remarquai la personnalité de notre chauffeur. Ce n'était pas son affaire de nous parler, mais il tourna la tête, nous montra un profil allongé, des lèvres grimaçantes et un œil vif et il remarqua : « Nous l'avons manqué belle ! » Il prit alors un tournant au coin d'une rue par-dessus le trottoir et nous flanqua presque dans une

maison. Nous ayant fait franchir un trou d'obus,
il commença à sonner sa trompe. A toutes les
portes, allées et carrefours dans ces rues silencieuses et vides d'Arras et fréquemment même
entre elles, il corna avec le plus grand soin. (Il est
imprudent de sonner des trompes d'automobile
dans Arras.) Je ne pus m'imaginer ce que pensèrent les Allemands qui écoutaient. Nous fran-
chîmes la vieille porte de cette ville d'effroi, toujours cornant avec véhémence, puis, d'un mouvement d'épaules qui exprimait ses sentiments, notre
chauffeur abandonna complètement la corne et
mit toute son âme dans l'accélérateur...

<h2 style="text-align:center">§ 3</h2>

Soissons était beaucoup dans le même cas
qu'Arras. Il y avait le même silence poignant dans
les rues, le même sentiment d'attente du moment
qui s'approche de plus en plus où les lignes allemandes, couvant à quelque distance de là leurs
malins projets, seront emplies de l'activité secrète
de la retraite, où les rues de la vieille ville se ré-
veilleront sous la joyeuse animation de l'avance
définitive.

L'organisation de la défense de Soissons est par-
faite. Je ne puis la décrire, mais imaginez-vous
n'importe quoi susceptible d'arrêter et de détruire

une compagnie d'attaque ou de déjouer les obus hostiles ; c'est là. Les hommes n'ont rien eu d'autre à faire ni rien d'autre à penser pendant deux années. Je traversai le pont qu'établirent les Anglais dans leur poursuite après la Marne ; je pénétrai dans les tranchées de première ligne et jetai un coup d'œil vers l'invisible ennemi. Un soixante-quinze fut assez aimable de me désigner par un obus l'endroit exact où regarder. Dans la crypte de l'Abbaye de Saint-Médard près de là — les Allemands doivent être furieux de penser que tout le reste du monument disparut il y a des siècles — les soldats français dorment côte à côte avec les os du roi Childebert II. Ils s'abritent en toute sécurité dans la prison de Louis le Pieux. Un obus d'un soixante-dix-sept allemand éclata sans résultats dans le jardin tout proche entouré de murs au moment où je sortais de ces souvenirs vieux de mille ans.

La cathédrale de Soissons n'a pas été aussi complètement détruite que celle d'Arras ; je ne crois pas qu'on ait même beaucoup tiré dessus. Il y a une beauté particulière dans l'unique et longue bande verticale de ciel bleu qui s'allonge entre les arches brisées à l'endroit où le mur est abattu. Et la population « tient » comme elle « tient » à Arras ; je ne sais pas si c'est l'habitude ou le courage qui est le plus apparent dans cette persistance. Autour de la principale place de la ville on

voit des maisons en ruines, mais une main invisible sarcle encore l'herbe du petit jardin derrière
et a planté une corbeille de bégonias. A Paris, je
rencontrai un charmant écrivain américain, la
femme d'un artiste français, la dame qui écrivit
My House on the Field of Honour. Elle me conta
une amusante anecdote. A l'occasion d'une mission d'hôpital elle avait été autorisée à visiter
Soissons — privilège rare pour une femme — et
elle y passa une nuit dans un petit logement. La
chambre qu'on lui donna ressemblait à toutes les
chambres d'habitations provinciales en France, et,
satisfaisant à sa coutume anglo-saxonne, elle se
dirigea immédiatement vers la fenêtre pour l'ouvrir.

Cette fenêtre ressemblait elle aussi à toutes les
autres fenêtres de chambre à coucher avec ses
rideaux de tulle blancs et propres.

— Madame, dit l'hôtesse, n'a pas besoin de se
donner le mal d'ouvrir la fenêtre. Il n'y a plus de
vitres à Soissons.

Mais il y avait néanmoins les rideaux qui donnaient à cette pièce mutilée toute la netteté précise et délicate de la vie de foyer française.

Et elle me parla des gens à table et du peu d'effet
que produisit un familier « Fiiiiie — Ouuuuu —
Being ! » arrivant au moment même où la petite
bonne servait une arrogante pyramide de gâteaux
et de confitures.

— Ça doit être sur le Séminaire, dit quelqu'un, comme si l'on avait parlé du temps ou d'une voiture qui passe.

— C'est dans la rue de la Buerie, m'sieu, affirma la bonne d'un ton très calme tout en posant le trophée de pâtisserie devant Mme Huard d'une main ferme.

... Si fermement les racines de la vie française subsistent sous le piétinement de la guerre.

II

LES DEGRÉS DE LA GUERRE

§ 1er

Soissons et Arras lorsque je les visitai étaient
des exemples de la guerre comme *dead heat;* elles
sembleraient prouver que Bloch eut raison. Jusqu'ici le fait vital de la guerre c'est que Bloch
n'eut pas raison — *cependant.* Je crois que finalement il aura raison mais, tant que cette guerre est
concernée, il a tort et pour rendre cela clair il est
nécessaire d'ennuyer le lecteur par une courte
digression sur la guerre — omettant de parler
autant que cela est humainement possible des
campagnes de Napoléon.

Le développement de la guerre a dépendu largement de deux facteurs. L'un d'eux est l'invention.
De nouvelles armes et de nouvelles méthodes sont
devenues possibles et ont modifié la tactique, la
stratégie, l'avantage relatif de la défensive et de
l'offensive. L'autre facteur principal dans l'évolu-
tion de la guerre a été l'organisation sociale. Ainsi
que Machiavel le fait remarquer dans son *Art de*

la Guerre, il y avait une stabilité sociale insuffisante en Europe pour entretenir une infanterie proprement entraînée et disciplinée depuis le passage des légions romaines jusqu'à l'apparition des fantassins suisses. Il fait comprendre qu'il considère que les combats du moyen âge, quoique fréquents et sanguinaires, sont une sorte d'affaire confuse, tumultueuse et, du point de vue politique et technique, rien moins que satisfaisante. Le chevalier était un égoïste en armes. Machiavel rend peu justice à l'archer anglais. Il est intéressant de noter que la Suisse, cette île de paix actuelle, était considérée par lui comme la mère de la guerre moderne. L'agression suisse était la grande affliction des Milanais. Ce n'est là qu'une remarque en passant ; notre intérêt ici est de remarquer que la guerre moderne apparaît dans l'histoire ainsi que le révèle le XVI° siècle comme une affaire dans laquelle le facteur essentiel est l'infanterie entraînée et exercée. L'artillerie se développe comme un moyen de briser l'infanterie ; la cavalerie, pour la charger lorsqu'elle est brisée ainsi que pour la poursuite et les reconnaissances. Jusqu'à ce jour cette triple division des forces dominait l'esprit des soldats. Le développement mécanique de la guerre a consisté principalement dans le développement des facilités permettant à l'infanterie d'arriver aux corps à corps. Selon que cela fut rendu facile ou difficile l'offensive ou la défensive prédominait.

Une histoire de la méthode militaire pendant ces siècles derniers serait une série de pas successifs où alternent les combinaisons d'offensive et de défensive, d'abord les unes, puis les autres. Leurs fluctuations relatives sont marquées par la durée variable des campagnes. Dès le début nous avons le fossé et le mur, la place fortifiée sur une route principale ou de traverse pour arrêter l'avance... L'artillerie s'améliore, alors la fortification s'améliore. La défensive prend de l'importance pendant une longue période, les guerres sont principalement des guerres de siège et durant un siècle avant la venue de Napoléon il n'y a aucune grande invasion heureuse, aucune marche sur la capitale ennemie. C'étaient des guerres de réduction, des guerres d'ennui. Napoléon développa l'offensive en profitant de l'infanterie enthousiaste de la république, améliorant l'artillerie de campagne, employant la fabrication des routes comme méthode agressive. En dépit de l'expérience heureuse de Torres Vedras et de l'avertissement de Plevna l'offensive resta dominante durant tout le XIXᵉ siècle.

Mais trois choses travaillaient tranquillement à la réhabilitation de la défensive ; d'abord, la portée, la vitesse et la justesse accrues du tir de l'infanterie, dans lequel nous pouvons comprendre le développement de la mitrailleuse ; deuxièmement, l'emploi sans cesse plus grand de la bêche et, troisièmement, l'invention du fil de fer barbelé. A la fin du siècle ces choses avaient pris une telle .extension dans la théorie militaire qu'elles avaient produit le grand essai de Bloch et surprit les militaires anglais, qui ne sont pas habitués à lire des livres ou à parler métier, dans la guerre boer. Dans la région de la guerre faiblement peuplée de l'Afrique du Sud la difficulté de forcer les positions retranchées fut largement tournée par le débordement ; les Boers n'avaient qu'une quantité limitée de fil de fer barbelé et on pouvait par les shrapnels les forcer à rester dans leurs tranchées. D'ailleurs au commencement de la guerre actuelle il y a peu de doute que nous et nos Alliés n'étions pas du tout préparés pour toutes les possibilités de la guerre de tranchée ; nous essayâmes une guerre de manœuvre, guerre du degré où elle fut amenée vers 1898, et ce furent les Allemands qui, les premiers, amenèrent la guerre au degré actuel en se retranchant sur l'Aisne. Nous avions naturellement quelques aéroplanes à ce moment, mais ils furent employés principalement comme une sorte de cavalerie accessoire pour les reconnaissances ; notre artillerie était légère et nos obus presque exclusivement des shrapnels.

Les degrés de la guerre qui se sont développés depuis que commença la guerre actuelle peuvent être considérés comme une série d'élaborations et de contre-élaborations du problème qui commence

par une ligne de tranchées derrière du fil de fer
barbelé, contenant de l'infanterie avec des fusils
et des mitrailleuses. Contre ceci une attaque à la
baïonnette, après que le shrapnel a raté. Nous
appellerons cela le degré A. A quoi l'offensive réplique par une artillerie améliorée et particulièrement par de gros obus explosants au lieu de
shrapnels. L'on peut ainsi faire sauter le fil de fer,
bouleverser les tranchées et obliger le défenseur à
se tenir caché tandis que l'attaque charge. C'est là
le degré B. Mais à ce moment apparaît la casemate qui améliore la tranchée et la batterie défensive derrière la tranchée. Les défenseurs, sous le
bombardement préliminaire, se réfugient dans les
casemates avec leurs fusils et leurs mitrailleuses
et sortent frais comme la peinture quand l'attaque
s'avance. De toute évidence il y a de grandes ressources d'invention et de combinaisons dans la casemate comme réservoir de contre-attaques. Les
Allemands en ont tiré de leur côté tout ce qu'ils
ont pu. De même les batteries défensives qui ont
exactement la portée de la tranchée prise se concentrent sur elle et détruisent l'attaque au moment
de la victoire. La tranchée revient sous ce feu
accompagné d'une contre-attaque à ses premiers
occupants. Nouvel arrêt pour l'offensive. Même si
elle peut la prendre, elle ne peut tenir une position dans ces conditions. Nous appellerons ceci le
degré A2, un degré A revu et augmenté. Quelle est

la réplique du côté opposé ? Evidemment élever et étendre la portée du bombardement préliminaire derrière la ligne actuelle de tranchées, pour détruire ou bloquer, si possible, les casemates et détruire ou réduire au silence l'artillerie de contre-offensive. S'il y parvient, il peut continuer son avance ; autrement Bloch gagne.

Si le combat se continuait seulement à ras de terre, Bloch gagnerait à ce moment, mais c'est là que l'aéroplane entre en ligne. Du sol il serait pratiquement impossible de repérer les abris des ennemis, les défenses secondaires et les batteries. Mais l'aéroplane nous élève immédiatement à un autre degré de la guerre, où le repérage des tranchées secondaires de l'ennemi, et même des positions de ses mitrailleuses et de ses canons, devient une affaire d'extrême précision — à condition que l'offensive se soit assuré la maîtrise de l'air et puisse envoyer librement ses aéroplanes au-dessus des lignes du défenseur. Le bombardement préliminaire devient alors d'un caractère beaucoup plus extensif ; les batteries du défenseur sont saisies sous le feu écrasant de canons qu'elles ne peuvent repérer et auxquels elles ne peuvent répondre ; les abris secondaires et les places fortes sont mis en pièces, un tir de barrage empêche tout renfort de parvenir jusqu'aux tranchées attaquées, les hommes dans ces tranchées sont empêchés de sortir par un feu d'artillerie concentré et l'attaque n'a plus qu'à s'ébranler pour les déloger des abris et faire prisonniers les survivants. C'est le degré, degré B2, auquel la guerre moderne a atteint sur le front de la Somme. L'apparition des « Tanks » n'a fait qu'accroître l'avantage de l'offensive. Là s'est arrêté pour l'instant le progrès de la guerre.

Il n'y a d'ailleurs, je crois, qu'un seul degré supérieur possible. Le succès du B2 dépend de la perfection de l'observation aérienne. L'invention d'un canon antiaérien qui pourrait atteindre et abattre un aéroplane à n'importe quelle hauteur jusqu'à 6.000 mètres restaurera la défensive et établira ce qui, je crois, sera le degré final de la guerre : A3. Mais pour l'instant, rien de la sorte n'existe et rien de la sorte n'est susceptible d'exister avant encore un très long temps ; en ce moment frapper un aéroplane grâce à un canon quel qu'il soit est un exploit rare et incertain. Un tel canon n'est pas impossible et nous pouvons donc supposer qu'il sera construit un jour, mais il sera d'un type et d'un caractère nouveaux, ne ressemblant à rien de ce qui existe actuellement. Le degré de combat dont j'eus le privilège d'être témoin sur la Somme, le degré auquel une offensive méthodique heureuse est possible, est donc, c'est ma conclusion, le degré auquel la guerre actuelle finira.

§ 2

Mais maintenant que j'ai ainsi exposé la vaste théorie de l'affaire, je vais continuer en contant quelques-unes des actualités de l'offensive. J'ai visité les deux fronts anglais et français et j'en ai rapporté l'impression qu'au moment de ma visite la guerre moderne à son plus haut degré, la guerre au degré B2, était faite des plus parfaitement et des plus systématiquement par les Français. La comparaison dans des affaires de ce genre est difficile, je le sais, mais mon impression est du moins confirmée par ce fait que, au moment de ma visite, les Français avançaient plus rapidement, faisaient plus de prisonniers et avaient un pourcentage de pertes plus petit que les Anglais. Dans certains cas cependant les Anglais devançaient les Français par des nouveautés. Le fait principal, sur les deux fronts français et anglais, c'était la supériorité complète des aéroplanes alliés. Elle est la condition préliminaire nécessaire dans la méthode sur laquelle les grands généraux de l'armée française comptent pour accomplir cette œuvre sanitaire : l'expulsion de la chose allemande du sol de la Belgique et de la France et son reculement jusque dans son propre pays.

L'homme qui fait constamment des prophéties est forcé d'en voir quelques-unes se réaliser et un

succès que je peux légitimement revendiquer, c'est
ma première insistance sur ce fait que la qualité
de l'aviateur allemand était susceptible d'être inférieure à celle de son rival français ou anglais.
L'Allemand n'a ni la souplesse du corps, la
promptitude des nerfs, ni le tempérament, ni les
habitudes mentales qui font un parfait aviateur.
Cette idée me vint d'abord en considérant la façon
dont les Allemands marchent et se tiennent et en
remarquant la différence d'agilité entre les
cyclistes dans les rues des villes françaises et allemandes. Elle me fut confirmée par une conversation que j'eus avec un aviateur allemand qui était
aussi un dramaturge et qui vint me voir pour
quelque affaire de copyright en 1912. Il émit l'opinion que l'aviation détruirait la démocratie, parce
que, dit-il, seuls des aristocrates pouvaient faire
des aviateurs. (Il appartenait lui-même à ce qu'on
est convenu d'appeler une bonne famille.) Ayant
un duc ou quelque noble semblable en l'esprit, je
lui demandai pourquoi. Parce que, m'expliqua-
t-il, un homme sans cette qualité aristocratique
qui est de tradition ne peut possiblement endurer
la « haute solitude » de l'air. Cela me parut à
l'époque comme une bêtise, puis je réfléchis que ce
pouvait être vrai pour un Prussien. Il peut y avoir
quelque chose dans la composition humaine allemande qui demande l'association et le concours de
l'orgueil et de l'entraînement avant de faire face

au danger. Les Allemands sont sociables et métho-
diques, les Français et les Anglais en comparaison
chaotiques et instinctifs ; peut-être cette aptitude
même pour la méthode consciente qui rend l'Allemand si formidable sur terre, si fort et si prévoyant, le rend-elle lent et incertain dans l'air. En
tout cas les exemples de cette guerre ont paru confirmer cette hypothèse. Les aviateurs allemands
dans l'ensemble n'arriveront pas au niveau des
Alliés. Ils ne sont pas agiles dans les airs. Les
champions qu'ils ont produits sont des hommes
d'un seul tour ; l'un de leurs grands hommes,
Immelmann — il fut abattu par un gamin anglais
il y a un mois environ — fondait sur sa proie
comme un épervier. Il montait très haut, puis des-
cendait à toute vitesse sur son antagoniste, sur
lequel il faisait en même temps feu de sa mitrailleuse. S'il le ratait dans ce plongeon hystérique, il
continuait à descendre... Ceci ne paraît pas à
l'aviateur allié comme très brillant. Un monsieur
de ce genre peut tôt ou tard être pris au moment
où il s'élève, en allant le chercher au-dessus des
lignes allemandes.

La première phase, par conséquent, du degré le
plus élevé de l'offensive, le développement ultime
de la guerre sans regard à la dépense, c'est le
nettoyage de l'air. Les machines allemandes qui
sont en l'air sont descendues par des aviateurs de
combat. Ces derniers volent haut ; dans le bleu

clair du petit jour ils ressemblent exactement à
des moucherons ; certains ont une petite queue de
fumée dans le soleil, ils emmènent leurs mitrailleuses à la poursuite des aviateurs ennemis au-
dessus des lignes allemandes, et les canons anti-
aériens allemands, les Archibalds, commencent à
lancer dans le ciel autour d'eux des petites boules
de fumée noire. D'en bas, on ne voit pas
d'hommes, on ne sent même pas qu'il y a là-haut
des hommes ; c'est comme si c'était un combat de
mouches. Immédiatement après les machines de
combat viennent les aéroplanes photographiques,
avec des appareils aussi longs que l'homme est
haut, volant bas — ce qui veut dire à 1.500 ou
2.000 mètres — au-dessus des tranchées ennemies.
L'Archibald les laisse tranquilles. Il ne peut pas
tirer un obus qui explosera sûrement assez vite
après avoir été lancé, mais fusils et mitrailleuses
se dressent contre eux. Ils ne s'en inquiètent pas ;
seuls le réservoir à pétrole et la tête et le thorax
du pilote doivent être considérés comme vitaux.
Ils reviendront avec quarante ou cinquante trous
dans leur machine. Sous ce feu ils survoleront les
positions allemandes, prenant plaques sur plaques ; une seule machine prendra un panorama
continu de plusieurs kilomètres, puis reviendra
directement à l'aérodrome développer ses plaques.

Il n'y a pas de perte de temps, les photographies
sont développées aussi rapidement que possible.

Une heure et demie après que les clichés ont été pris les premières épreuves passent dans le bureau pour être examinées par des photographes. C'est dans toute cette partie du travail qu'il me parut que les Français étaient plutôt en avance sur les Anglais ; ils étaient plus rapides, leurs salles de travail étaient mieux arrangées et leur méthode de travail plus ordonnée. Ç'avait probablement été l'œuvre de quelque organisateur professionnel et expérimenté, tandis que l'organisation anglaise, les photographes à une extrémité du village et les cartes à l'autre, avec entre eux une sorte de galerie de bavardages, avait tout l'imprévu de l'amateur à l'esprit absent. Mais ce n'est peut-être qu'un contraste de hasard, et de nos jours les choses sont vivement remises en ordre. Finalement, les photographies aériennes anglaises et françaises sont minutieusement examinées.

Une photographie aérienne n'est pas au regard inexpérimenté quelque chose de très captivant, on y devine des routes, des taches boisées et des constructions plutôt vagues. Mais l'examinateur a un regard entraîné ; c'est un homme de choix ; il a sous la main les photographies d'hier et les photographies de la semaine dernière, des cartes annotées et toute sorte de documents et de rapports utiles. Si c'est un Français il n'est que trop heureux d'expliquer ses idées et ses méthodes.

— Ici, vous montrera-t-il, on voit une petite différence dans la tranchée allemande, derrière le bois, depuis hier. Pour de nombreuses raisons, il pense que ce sera un nouvel abri à mitrailleuse ; ici, au coin du mur de la ferme, ils en ont construit un autre. Cette batterie — n'est-elle pas assez évidente ? — Eh bien ! c'est du camouflage. L'herbe devant n'a pas été brûlée, et il n'y a pas eu de fatigue sérieuse sur la route à cet endroit depuis une semaine. Bientôt les Allemands enverront deux camions de haut en bas de cette route et leur ordonneront de faire des huit pour imiter le roussissement de l'herbe devant le canon. Nous connaissons tout cela. La fatigue réelle sur la route, comparez ceci, ceci et ceci, finit ici à cet endroit. Elle disparaît dans le bois. Il y a une sorte de trace dans les arbres. Maintenant regardez où les arbres sont un petit peu déplacés ! (Cette lentille est préférable pour cela.) Ça, c'est un canon. Vous le voyez ? Ici, je vais vous en montrer un autre...

Et cela se continue sur deux ou trois kilomètres derrière la ligne de front. Des jeunes gens très propres, en tablier blanc, font cela comme si c'était un travail d'amour. Et les Allemands dans les tranchées, les artilleurs allemands *le savent*. Ils savent que, de la façon la plus rapide possible, les observations de l'aéroplane qui était au-dessus d'eux tout à l'heure parviendront maintenant aux artilleurs. L'artilleur attentif tirant d'après la

carte et pointant d'après l'aéroplane, le ballon
cerf-volant ou l'observation directe, atteindra les
canons et les mitrailleuses repérés dans une autre
couple d'heures. Les Français prétendent qu'ils
ont repéré de nouvelles batteries, dirigé sur elles
leur tir de démolition et les ont détruites, tout cela
en moins de cinq heures. L'Anglais auquel je ra-
contais cela trouva que c'était incroyable. Tous les
jours les Français impriment des cartes spéciales
montrant les canons, réels et camouflés, les tranchées, tout ce qui a quelque intérêt derrière les
lignes allemandes, montrant tout ce qui est arrivé
pendant les dernières vingt-quatre heures. C'est
impitoyable. La fabrication et l'impression des
cartes dans la pièce à côté du photographe est la
plus propice à leurs examens. Et comme je l'ai dit
l'armée allemande sait cela et sait qu'elle ne peut
l'empêcher à cause de sa faiblesse aérienne. Ce
n'est d'ailleurs pas là la moindre parmi les forces
qui effritent la résistance allemande sur la Somme.

Je vis des canons français durant le tir de démolition. Je comptai neuf aéroplanes et vingt-six
ballons cerfs-volants dans l'air en même temps. Il
n'y avait pas le moindre appareil allemand de
visible.

C'est une affaire d'y voir ou de ne pas y voir.
Contre cette méthode précise et minutieuse de
localisation, les Allemands n'ont que la méthode
auditive. C'est une bonne méthode dans des

endroits comme Arras ou Soissons, où les obus
sont peu fréquents, mais elle est inutile contre un
feu rapide. Le microphone devient confus et l'on
ne peut distinguer le feu de tel ou tel canon.
L'attaque française se résume en un triple système
de tirs d'artillerie. D'abord pendant un jour ou
environ, ou pendant deux ou trois jours, il y a le
feu de démolition pour bouleverser toutes les
batteries exactement repérées, les organisations,
les renforts derrière les tranchées ennemies de
première ligne ; puis vient le feu de barrage pour
couper les munitions et les renforts ; ensuite,
avant l'attaque, le feu de pilonnage (la tête en bas)
sur les tranchées. Quand enfin celui-ci s'arrête et
que l'infanterie se lance pour prendre les tranchées et les abris, elle peut s'avancer avec un minimum de danger. La première vague d'attaque
combat, détruit ou désarme les Allemands survivants et les envoie vers les tranchées françaises. Ils
courent aussi vite qu'ils peuvent, les mains levées,
et un abri leur est donné plus loin. Les Français
se mettent au travail pour réorganiser les tranchées prises et se tenir prêts contre toute contre-
attaque à laquelle s'opposera le feu de barrage.

C'est là la formule de la lutte actuelle que les
Français ont développée. Après une avance, il y a
un arrêt, pour laisser le temps aux canons de
s'avancer plus près des Allemands et à de nouvelles reconnaissances aériennes d'avoir lieu.

Nulle part durant cette offensive une contre-attaque allemande n'a produit que le plus accidentel des succès. Et, en général, ils ont eu des pertes énormes. Puis, après quelques jours de repos et d'accumulation, l'attaque alliée recommence.

C'est la méthode perfectionnée de l'offensive française. J'eus le plaisir d'en apprendre ses grandes lignes en bonne compagnie, en la compagnie de M. Joseph Reinach et du colonel Carence, l'écrivain militaire. Leurs conversations, ensemble et avec moi ainsi que dans les divers mess où nous déjeunâmes, furent pour la plupart une vive discussion de tous les détails et de toutes les possibilités de la machine d'offensive ; chaque mess d'officiers français ressemble à un petit conseil, s'occupant de la seule question suprême en France : *comment faire le mieux la guerre.* M. Joseph Reinach a émis certaines idées au sujet de la coopération des Français et des Anglais que je discuterai plus loin, mais un grand thème de conversation, ce fut la constitution de « la batterie idéale ». Pendant des années le cerveau militaire français a prêté une attention soutenue au meilleur nombre de canons pour une action effective commune et a plutôt été porté vers la théorie de la petite batterie. Mes deux compagnons étaient d'avis que la batterie idéale était la batterie d'un seul gros canon avec son aéroplane et son ballon cerf-volant lui désignant ses buts. J'en ai déduit que l'officier commandant passerait la plupart de son temps en l'air, ce qui conviendrait difficilement à nos artilleurs âgés.

Au moment où je visitai les fronts français et anglais (au début de septembre) j'eus l'impression que cette formule d'attaque était suivie beaucoup plus complètement et efficacement par les Français que par les Anglais. Je considérai les Français comme mieux organisés pour ce travail. Je fais cette remarque avec l'indication la plus minutieuse de l'époque à laquelle elle se rapporte, parce que dans toutes ces affaires les choses changent rapidement et peuvent changer à tout instant. Il y a toute raison de supposer qu'au début de l'offensive de la Somme la « science » de l'état-major anglais était d'une façon très marquée au-dessous de celle des Français et que plusieurs milliers de pertes anglaises furent dues à cette infériorité. Les Anglais firent leur travail, mais ils payèrent beaucoup plus et ils payaient encore beaucoup plus au début de septembre. L'infanterie anglaise et les officiers subalternes anglais étaient magnifiques, l'œuvre de l'aviation anglaise était insurpassable, les canons anglais et les munitions étaient admirables en qualité et presque inépuisables en abondance, mais la machine d'offensive dans l'ensemble n'était certainement pas encore suffisamment unie et ne travaillait pas encore avec l'ensemble de la machine française. Le fait brutal que le peuple anglais doit connaître, c'est qu'il y a encore quelque chose d' « amateur » dans la qualité des plus hauts gradés des officiers anglais. Individuellement il est aussi brave qu'un lion, il a toutes les vertus de l'écolier, etc..., etc..., sa position sociale est excellente et son port et son maintien dans le monde sont exquis, mais lorsqu'on arrive au travail intellectuel difficile il est, pour parler franchement, un « mou » et souvent il est désastreusement ignorant et timide ou opiniâtrement conservateur en face d'idées nouvelles.

§ 3·

Mais du côté britannique s'il semble y avoir un certain besoin de cohérence logique, il y a aussi un nombre considérable d'initiatives éparses du genre le plus brillant qui se faufilent entre les obstructions. Cet individualisme non systématique qui perd nos hommes en des attaques semble être associé à l'aventureuse confiance en soi nécessaire dans les airs. Les aviateurs anglais ne combattent pas seulement les Allemands dans le ciel, ils savent se rendre aussi abominablement gênants en bombardant les tranchées ennemies. Pour chaque bombe qui est jetée par un aéroplane sur les

lignes anglaises ou derrière elles, une vingtaine,
environ, tombent sur la tête des Allemands. Les
bombes aériennes anglaises tombant sur les canons, les réserves et les communications font un
peu le même travail que les Français avec leur feu
systématique de démolition.

Et l'aviateur anglais a découvert et développe
rapidement une forme d'activité aérienne complètement nouvelle dans l'attaque à la mitrailleuse à
une très basse altitude. Ceci fut essayé, je crois,
au début dans l'Egypte occidentale, mais maintenant on l'emploie de plus en plus sur le front
anglais en France. Un aéroplane qui descend
subitement, marchant à une très grande vitesse, à
une centaine de mètres à peine au-dessus du sol
est déjà très difficile à atteindre et cette difficulté
s'accroît encore sensiblement lorsque, tout en
avançant, il déroule les bandes de cartouches de
sa mitrailleuse. Cette sorte d'attaque est extrêmement démoralisante, particulièrement contre l'infanterie en campagne. Elle n'est encore que dans
son enfance, mais elle ne manquera pas de rendre
de grands services lorsque les lignes allemandes
céderont enfin, ainsi qu'elles seront forcées de le
faire si cette offensive ne se relâche pas. Si les
Alliés continuent leur pression sur le front occidental, s'il n'y a pas de relâchement dans la fourniture des munitions de la part de l'Angleterre et
surtout pas de perte de temps en des stupidités de

tactique, une retraite allemande vers l'Est est inévitable.

Or, une poursuite de cavalerie seule peut facilement courir à un désastre, la cavalerie pouvant être si facilement arrêtée par des fils de fer et quelques mitrailleuses. Je crois que les Allemands ont compté là-dessus et sur les automobiles et seul, probablement, l'abaissement de leur moral les empêche d'ouvrir leurs lignes dans l'espoir que les Anglais seront assez fous de tenter une grande avance de cavalerie, mais je ne crois pas que les Allemands ont compté sur l'emploi de la mitrailleuse en aéroplane soutenu par la cavalerie ou les automobiles et, de son côté, soutenant celles-ci. Au moment actuel, j'imagine qu'il n'y a pas parmi les nombreuses perplexités de l'état-major allemand de considérations plus embarrassantes que cette nouvelle complication que ces attaques aériennes à basse hauteur ajoutent à la poursuite. Il se peut que toutes leurs précautions et prévisions sur lesquelles ils avaient compté pour fuir ne leur servent plus à rien, en face d'une avance scientifique employant, à bon escient et d'une façon adroite et intelligente, un matériel moderne.

III

LE PAYSAGE DE GUERRE

§ 1er

Je vis plus de l'aviation anglaise que de l'aviation française à cause du temps déplorable qu'il faisait lorsque je rendis visite à celle-ci. Il m'est donc tout à fait impossible d'établir des comparaisons entre ces deux services. Je crois que l'organisation anglaise que je vis serait difficile à battre et qu'il n'y aurait que les Français qui pourraient espérer y arriver. Sur le front occidental l'aviation a été portée à un niveau beaucoup plus élevé que sur le front italien. En Italie, elle n'est pas devenue comme en France le facteur décisif. La guerre sur le front du Carso, en Italie — je ne dis rien de la guerre de montagnes qui est une chose tout à fait à part — est encore en réalité à ce degré que j'ai appelé B. C'est une bonne guerre, bien faite, mais ce n'est pas une guerre aussi intense. Elle n'a pas, comme on dit des pianos et des voix, le même registre.

Ceci est vrai en dépit du fait que les Italiens,

seuls entre toutes les nations occidentales, ont
adopté un type d'aéroplane beaucoup plus grand
et beaucoup plus puissant que tout ce qui a été fait
jusqu'ici, à part les grosses machines russes. Ces
aéroplanes ne conviennent pas du tout en ce moment à une opération quelconque sur le front italien, mais plus tard, lorsque l'Allemand se reti-
rera et qu'Archibald ne pourra plus fouiller l'air,
ils rendront des services incomparables sur le
front occidental à cause de leur énorme capacité
portative de bombes et de mitrailleuses. Mais,
pour l'instant, nos aéroplanes ordinaires suffisent
et, sans aucun doute, nous ferons appel aux autres
lorsque le besoin s'en fera sérieusement sentir.
Les grosses machines Caproni, que possèdent les
Italiens, sont de trois cents H. P. et seront bientôt
de cinq cents. On est dedans comme dans un
yacht, ils ont un pont principal, puis deux autres
plus petits à l'avant et à l'arrière, pouvant chacun
porter une mitrailleuse ; on peut marcher d'un
pont à l'autre, et, en plus des mitrailleuses et des
hommes, ils peuvent transporter un poids très
considérable de bombes. Ils ne peuvent pas naturellement aller aussi vite ou s'élever aussi haut
que nos aéroplanes plus petits ; ils ne peuvent être
employés que comme transports derrière une force
de machines de combat.

L'établissement anglais que je visitai était un
exemple très rassurant et réconfortant d'organisa-

tion pratique. La force aérienne de la Grande-Bretagne a eu la bonne fortune de se développer en
s'affranchissant considérablement des vieilles traditions militaires ; la plupart de ses officiers sont
des anciens ingénieurs civils, le Grand Quartier
Général n'ose pas trop donner d'ordres techniques
et tout ceci est pour le mieux dans un service qui
est encore nécessairement expérimental et plas-
tique. Il n'y a pas de doute que libérée des préjugés, des mauvaises associations et de la tradition
équestre l'intelligence technique et l'énergie anglaises ne puissent faire aussi bien que les Français. Notre problème au sujet de notre armée n'est
pas de créer l'intelligence, il y en a en abondance,
mais de l'affranchir d'une néfaste oppression sociale et officielle. Le service aérien prend dans
l'armée tous les hommes ayant des connaissances
techniques et il veille à ce qu'on les lui donne ; le
travail est fait très sérieusement et dans ces grands
hangars mobiles on parle du métier aussi cou-
ramment et aussi clairement que le font les Français. On ne rencontre pas cet intérêt, réel ou feint,
dans les conversations sur les possibilités de
chasser le renard ou de pêcher la truite, ni dans
les parties de golf et autres jeux semblables qu'on
rencontre encore çà et là — en dépit de la liste
des pertes de juillet — parmi les officiers de rangs
élevés en d'autres points du front britannique.
J'ai déjà dit, et les journaux l'ont imprimé abon-

damment, tout le courage, l'audace, et l'œuvre
admirable de nos aviateurs ; ce qui est encore impossible à dire en détail, c'est l'énergie et l'habi-
leté du service de construction et de réparation de
l'aptitude duquel dépendent leurs exploits. A ce
propos, une des choses les plus intéressantes,
peut-être même la plus intéressante que je vis, fut
l'hôpital pour machines abîmées et le « cimetière »
où celles qui sont irrémédiablement abîmées sont
conduites afin d'être démontées et que tout ce qui
est encore bon en elles soit employé à la reconstruction des autres. On pourra juger de la façon
excellente dont ce travail est accompli par ce fait
que notre offensive de juillet commença avec un
certain nombre d'aéroplanes, un nombre qui
aurait paru fantastique dans un récit un an avant
la guerre. Ces aéroplanes furent constamment en
action ; ils combattirent, ils furent abattus, ils
eurent leur part d'accidents. Non seulement le service des réparations remplaça toutes les pertes,
mais après trois semaines d'offensive l'armée com-
battait avec cinquante machines de plus qu'au
commencement. On traverse un vaste hangar
rembrandtesque donnant sur une grande plaine
ensoleillée, dans les coins ombrageux de laquelle
reposent un certain nombre de « malades » intéressantes ; des machines allemandes prises et
légèrement endommagées, des machines à nous
portant des cicatrices de bataille, un ou deux cas

de mauvais atterrissage. La plus remarquable venait de Péronne. Elle était arrivée il y avait deux jours.

J'examinai cette machine et je vais dire l'état dans lequel elle se trouvait, mais je m'aperçois que ce que j'ai à dire paraîtra aux lecteurs, non pas comme une sobre déclaration de vérité, mais comme un mensonge forcé et stupide. La machine avait été touchée directement par l'obus d'un Archibald. L'hélice avait été complètement coupée et projetée au loin, de même que la mitrailleuse et tous ses accessoires. Le mécanisme avait été découvert et considérablement détérioré. Le cadre de bois au-dessus de l'aviateur avait été brisé, et c'est un miracle que les ailes de la machine ne se soient pas refermées aussitôt comme les ailes d'un papillon. L'aviateur, qui était seul, avait été blessé au visage. Il était alors descendu en un long vol plané dans les lignes anglaises et avait fait un atterrissage tolérable...

§ 2

Une conséquence de l'importance croissante de l'aéroplane en guerre est le développement d'un nouvel art militaire, l'art du camouflage. Le camouflage est du déguisement mystificateur, il fait paraître les choses et, spécialement ici, les choses militaires, ce qu'elles ne sont pas, mais quelque chose de paisible et de rural, quelque chose d'inoffensif et dénué complètement d'intérêt pour les observateurs en aéroplane. C'est l'art de faire ressembler des gros canons à des tas de foin et des tentes à un morceau de champ.

Il comprend aussi l'art de faire voir des canons, des camps, des tranchées..., etc., qui ne sont pas en réalité de vrais canons, de vraies tentes et de vraies tranchées, de sorte que l'aviateur bombardier ou observateur puisse perdre son temps et son énergie et que le feu de l'ennemi soit mal dirigé. En Italie, je vis des canons de bois faits pour décevoir le plus expert à une distance de quelques centaines de mètres. Le camouflage de dissimulation vise soit à l'invisibilité, soit à l'imitation ; j'ai vu un train de ravitaillement ressembler à une rangée de maisons, avec leurs cheminées et leurs toits et jusqu'à des plantes grimpantes dessinées sur les côtés. Mais c'était là un envol de l'imagination. Le camouflage le plus courant est simplement fait pour cacher. Des arbres sont amenés et plantés auprès de l'objet à cacher, celui-ci est peint de la même couleur que son entourage, il est recouvert d'une bâche peinte de façon à ressembler à de l'herbe ou à de la terre. Je suppose que ce n'est qu'une simple affaire de développement avant qu'on ne mette une vache en imitation broutant l'herbe sur la bâche. Les Français, eux, ont un

tissu spécial vert, fait de joncs, qui peut être
étendu sur des piquets ou sur des toits de hangars avec une très grande rapidité et dont l'effet
est réellement remarquable. Je n'en vis pas sur le
front britannique. Mais j'en vis arriver sur le
front français des camions entiers.

Les Français, connaissant, je crois, dans l'ensemble beaucoup mieux les vulgarités de la
science que les officiers supérieurs anglais, se sont
inspirés dans cette affaire du coloris des animaux.
Ainsi que tout lecteur de magazine populaire le
sait aujourd'hui, les couleurs animales même
lorsqu'elles apparaissent évidentes sont arrangées
presque toujours de façon à *rompre l'ensemble*.
L'Okapi, par exemple, bien que ce soit un animal
blanc et noir devient d'une teinte inanimée et
sombre à quelques mètres de distance. Les Français, s'étant emparés de cette idée, peignent leurs
tentes et leurs canons de grandes taches d'un vert
vif et d'un jaune sol assez brillant, couleurs qui
les confondent avec le paysage à une distance
étonnamment petite. Le principe de rompre l'ensemble ne semble pas avoir été complètement compris sur le front anglais. Une grande partie du
camouflage des canons et des tentes que l'on y voit
est faible et inutile ; certaines tentes que j'ai vues
étaient recouvertes de bandes concentriques ou
rayonnantes qui, dans l'ensemble, ne devaient
faire qu'accroître leur visibilité d'en haut. A un

endroit, je vis un hangar peint d'un vert gris
convenable, mais entouré de tentes d'un blanc
irréprochable. Ces choses irritent un esprit pa-
triote qui voudrait être fier de son pays même en
des petites choses. J'aurais voulu descendre de
mon automobile et parler très clairement, simplement et brutalement, à quelqu'un des éléments du
camouflage et de la moralité à courir des risques
en temps de guerre. Mon impression — elle est
peut-être injuste — fut que certains de nos colo-
nels non seulement ne comprennent pas, mais
encore n'aiment point le camouflage. Avec un bon
télescope les principaux points intéressants du
front anglais seraient visibles de Mars. Heureusement la supériorité aérienne des Alliés empêche
toute conséquence sérieuse de cette étrange petite
faiblesse anglaise...

Mais, avec ou sans camouflage, le gros des
forces françaises et anglaises sur le terrain nouvellement conquis dans la grande offensive se
trouvait forcément à découvert. Seuls les gros canons et les postes avancés de la Croix-Rouge
avaient trouvé place dans des trous ou des endroits souterrains cachés. L'avance avait été trop
rapide et continue pour laisser le temps aux
armées de faire leur toilette, et la destruction et la
désolation du pays offraient peu de facilités pour
se cacher. Les tentes, les transports, les munitions,
tout cela indiquait une armée en marche — à la

vitesse d'un demi-kilomètre par semaine vers
l'Allemagne. Si l'humidité et la boue de novembre
et décembre ont un instant arrêté cette avance, la
force en route n'a fait que s'accumuler pour la re-
prise de la poussée.

§ 3

Un voyage de la base aux tranchées du front
est une intéressante série de phases. On quitte
Amiens, où la vie normale se continue au milieu
d'une foule d'officiers au repos en kaki ou bleu
horizon, où les officiers d'état-major passent en
vitesse dans tous les sens, où il y a des infirmières
et même quelques inexplicables dames en costume mondain, où les restaurants et les cafés
sont bondés de clients, où il y a un va-et-vient perpétuel de lourds camions dont les longues processions se rangent auprès des palissades du chemin
de fer. On dépasse un monstrueux canon bleu-
noir se rendant au front anglais derrière deux
tracteurs résolus — les trois jeunes gens brunis
par le soleil dans le véhicule qui est traîné derrière sont étendus dans une attitude d'orgueil
hautain qui rendrait honteux les dieux des pla-
fonds d'Hampton Court. On traverse des arcades
de camions qui attendent, des faubourgs de plus
en plus kaki ou bleu horizon, puis c'est la grande

route droite, bordée de peupliers — jusqu'au front. Parfois on se faufile parmi le brouhaha d'un trafic intense, parfois la route se déroule devant nous poussiéreuse mais libre ; nous passons devant un vaste camp d'aviation, puis un parc d'artillerie de campagne, puis un campement de cavalerie. On prend un tournant et, brusquement, on se trouve en France — la France telle qu'on la connaissait avant la guerre, sur une petite route ombragée, que borde un délicieux château derrière ses grilles de fer, puis une magnifique église et soudain nous nous trouvons dans une rue de village remplie d'Indiens vigoureux.

Ce n'est trahir aucun secret militaire de dire que, généralement, le rare touriste se rendant au front anglais passe par Albert, Albert qui est enfin hors de portée des canons allemands après presque deux années de tribulations, avec sa grande cathédrale rouge moderne mise en morceaux et sa grande Vierge à l'enfant dorée qui jadis surmontait la tour et qui maintenant, ainsi que tout le monde le sait, pend horizontalement au-dessus de la route dans une position qui fait penser irrésistiblement à un plongeon imminent sur le voyageur de passage. On passe dessous en regardant en l'air.

Bientôt nous commençons à voir des prisonniers allemands sur les routes ou dans les champs, par bandes de deux ou trois cents, dans leur uniforme

gris, armés de bêches et de pioches, s'occupant à
l'entretien des routes et travaillant si courageusement qu'ils travaillent mieux, m'a-t-on dit, que les
Tommies employés à ce même travail — un bon
point pour les Huns. Ils paraissent tous entièrement
satisfaits de leur sort et sont gardés par deux ou
trois hommes en kaki. Ces prisonniers allemands
ne cherchent pas à s'échapper, ils n'ont pas la
moindre envie de recommencer à combattre, ils
ont fait ce qu'ils avaient à faire, disent-ils, leur
honneur est satisfait. Ils causent peu d'ennuis. Un
peu plus loin, nous passons devant leur cage, une
enceinte entourée d'une double rangée de fils de
fer barbelés ; à l'intérieur, quelques tentes et
huttes.

Une file d'autobus clos passe auprès de nous. Je
me retourne et j'aperçois un certain nombre
d'hommes assis à l'intérieur et paraissant presque
aussi joyeux que dans un train de plaisir. Ils nous
font des signes comiques. Ils chantonnent même.
Mais l'un d'entre eux paraît un peu malade et je
remarque des bandages, peu gênants d'ailleurs.
« Les cas assis » m'explique mon guide.

Ils font partie des « Casualties » du combat de
la nuit dernière.

Les champs, de chaque côté de la route, sont,
cela devient plus évident à chaque minute, dans
la zone de guerre. Les files de voitures, les groupes
de tentes, le va-et-vient des hommes augmentent.

Mais on voit ici trois femmes qui font la moisson et, bientôt, dans un champ des prisonniers allemands travaillent sous la direction d'un vieillard français. Puis les champs redeviennent piétinés. Voici un village, pas trop démoli, et en le traversant nous passons lentement à côté d'une longue colonne d'hommes se rendant au front. Nous regardons leurs cols dans l'espoir d'y trouver le signe de quelque régiment de connaissance. Ce sont de nouvelles recrues qui se rendent au front pour la première fois ; sur beaucoup de leurs visages on voit une sorte d'exaltation solennelle.

Les hommes qui descendent sont généralement couverts de boue et de poussière et, à moins qu'il n'y ait eu un combat, paraissent convenablement habillés. Ils sont courbés sous le poids de leur équipement et les plus jeunes traînent la jambe. Une chose agréable dans ce retour au cantonnement, c'est la bienvenue de la musique du régiment qui se met généralement à jouer dès que les hommes apparaissent sur la grand'route. J'ai entendu plusieurs concerts sur le front anglais ; ces musiques font beaucoup pour entretenir l'entrain général. En une de ces occasions, j'eus le plaisir de voir le X...ᵉ Blankshires qui revenait d'un combat. Comme nous approchions, je vis qu'ils combinaient une couche effroyable de boue avec une élasticité peu ordinaire. Tous, ils nous regardaient dans les yeux, bien qu'ils eussent dû

être trop éreintés pour s'occuper de nous. Je remarquai alors un beau casque gris qui se balançait au bout d'une baïonnette, à vrai dire ce fut le
regard triomphal du tout jeune soldat qui le portait
qui me le fit apercevoir. Derrière lui, un homme
avait un casque allemand noir d'un modèle plus
courant dans les illustrations anglaises, puis deux
autres casques gris apparurent. La cueillette des
casques avaient été réellement considérable.
J'aperçus ensuite sur la berge de la route, un peu
plus loin et marchant parallèlement avec cette
colonne, une double file d'Allemands encore plus
boueux. Ils portaient des casquettes ou étaient
tête nue. On ne voyait aucun casque parmi eux.
Nous ne volons pas nos prisonniers, mais... un
casque c'est une arme. En tout cas c'est un souvenir irrésistible.

De temps à autre, on aperçoit de loin un parc de
munitions, plusieurs centaines de piles d'obus —
non encore munis de leurs détonateurs — s'y
trouvent déchargés des wagons de chemin de fer,
transférés de la ligne à voie large sur celle à voie
étroite, ou chargés dans des camions automobiles.
Çà et là on traverse une ligne de chemin de fer.
Les lignes de chemin de fer vont partout maintenant derrière le front anglais et la construction
suit l'avance jour par jour ; elles vont aussi loin
que les canons. Notre guide remarque chaque fois
que la voiture saute sur le passage à niveau :

« C'est un des chemins de fer de Haig. » C'est un aspect du commandant en chef qui a le plus impressionné les hommes et leur a le mieux plu. Et enfin nous commençons à entrer dans la région des anciennes tranchées alliées, nous franchissons le vieux front allemand, nous passons à côté de maisons en ruines, de champs dévastés et d'épais amas de croix de bois et de planchettes au-dessous desquelles gisent les morts des premiers assauts. Il n'y a plus de moissonneurs maintenant, les champs ne sont plus verts, c'est à peine si l'on voit encore de la verdure quelque part et l'arbre qui survit sur le bord de la route est considéré comme un phénomène ; en revanche les troncs déracinés et les branches éparses sont nombreux ; les champs sont des déserts de trous d'obus et d'herbes sauvages, les bois eux-mêmes sont des amas de souches éclatées et de branches éparses. Ce champ de bataille ravagé et en ruine s'étend maintenant le long du front de l'offensive de la Somme sur une profondeur de plusieurs kilomètres ; dessus, dans leur poussée infatigable contre les lignes allemandes, s'avancent les camps français et anglais et leurs batteries, les réserves, les parcs, les chemins de fer. Au-dessus de nos têtes bourdonnent les aéroplanes, au loin vers l'ennemi les ballons captifs en forme de saucisse oscillent pensivement et des canons, curieusement invisibles jusqu'à ce qu'ils parlent, éclatent soudain et frappent leur coup de marteau bref.

Puis on voit un obus ennemi tomber sur le petit groupe d'arbres sur la colline à droite et faire élever dans le ciel une grande masse rougeâtre de fumée et de poussière. Nous le voyons d'abord, puis nous entendons le ronflement de son arrivée et enfin l'explosion. Les Allemands sont maintenant des aveugles, ils ont perdu l'air, ils ne tirent qu'au hasard et d'après leur connaissance du terrain abandonné.

— Ils croient sans doute qu'il y a là-haut l'état-major de la division, remarque quelqu'un... ils se se trompent. Mais ça ne fait rien, ils continuent.

Dans cette zone où éclatent les obus, la sage automobile s'arrête et se réfugie aussi discrètement que possible derrière un tas de ruines. Il y a très peu de trafic sur la route maintenant, si ce n'est un camion ou deux qui montent en vitesse, déchargent leur contenu et reviennent aussitôt. Les mulets et les hommes transporteront encore plus loin ce qu'il a apporté. Nous sommes dans un village rasé et miné d'abris souterrains qui faisaient partie de l'ancienne seconde ligne allemande. Nous faisons notre déclaration à un jeune troglodyte qui habite l'un de ceux-ci et l'on nous donne un guide. Nous nous mettons alors en route pour la dernière partie du voyage jusqu'au point ultime, à travers un terrain parsemé de trous d'obus, de fils de fer barbelés et coupé de vieilles et nouvelles tranchées. Nous avons tous des casques d'acier de l'armée anglaise, coiffures résistantes, mais lourdes et inélégantes. Je ne puis écrire que peu de chose qui soit publiable sur ces crimes esthétiques. Les casques français et allemands sont de nobles et jolis objets. Quant à ces grossières *poêles...!*

On devrait les appeler du nom de l'homme qui les dessina.

Bientôt on nous conseille de pénétrer dans une tranchée de communication. Ce n'est pas une tranchée de communication très attrayante et nous préférons notre chemin en plein air. Trois ou quatre obus passent au-dessus de nos têtes, nous convenons que ce sont des obus anglais qui vont... là-bas. Nous atteignons une tranchée de renfort, dans laquelle des hommes attendent, dans un état d'ennui presque insupportable, le brouet de midi, le seul événement intéressant d'une longue journée de veille. Là, on nous commande impérativement de descendre de suite dans la tranchée et nous obéissons.

Toutes les tranchées de communication sont tortueuses et presque interminables. Sur un front d'offensive elles ont des parois verticales de terre que rien ne retient, de rares abris contre la pluie couverts de planches et elles s'étendent indéfiniment. A de rares intervalles on rencontre un car-

refour et un poteau indicateur nous dit : « Vers
Regent street » ou « Vers Oxford street » ou
quelque mensonge analogue. C'est de l'humour
des tranchées. Vous continuez de parler pendant
un certain temps, mais parler en file indienne
fatigue vite. Vous cessez de parler et vous avancez
péniblement. De nombreux fils téléphoniques arrivent dans la tranchée, la traversent et la retra-
versent. Vous ne pouvez les éviter. Votre casque
se bute contre eux et ils essayent de vous l'enle-
ver. Parfois ils sont si bas qu'il faut que vous
vous baissiez et rampiez presque pour passer dessous. Et vous vous demandez ce que doit être la
tranchée par un temps réellement humide. Vous
entendez un obus éclater à une distance peu éloignée ; vous passez à côté de deux feuillets du
Strand magazine. Trente mètres plus loin vous
rencontrez un bout de cigarette. Après ces incidents sensationnels la tranchée redevient calme et
continue à se dérouler interminablement — juste
une tranchée extrêmement étroite, effilée et sa-
blonneuse ; une crevasse géante.

Enfin vous atteignez la tranchée de première
ligne. Dans un secteur d'offensive elle n'a rien de
l'intérêt architectural des tranchées de première
ligne d'endroits tels que Soissons ou Arras. Elle
fut faite il y a une semaine environ, en réunissant
entre eux les trous d'obus et si tout va bien nous
serons dans les tranchées allemandes le long de

la ligne d'arbres décharnée, vers laquelle nous jetons un regard discret, demain soir. Nous pouvons jeter un coup d'œil discret parce que, précisément à ce moment, nos canons arrosent l'ennemi au taux moyen d'environ trois obus par minute ; les bouffées de fumée et de terre se suivent avec régularité du haut en bas de la ligne et aucun Allemand ne montre sa tête pour nous voir.

Les Allemands « strafèrent » cette tranchée la nuit dernière et les hommes sont fatigués ou endormis. Nos canons, au loin derrière nous, font de leur mieux en ce moment pour leur donner un peu de repos en « strafant » les Allemands à leur tour. Un ou deux hommes veillent attentivement dans les postes avancés ; les autres dorment, d'un sommeil immobile dans les abris que forment des trous creusés spécialement.. Un officier est assis près d'un téléphone, sous une toile goudronnée recouverte de terre, et un homme fatigué fait la toilette d'une mitrailleuse. Nous avançons dans une tranchée peu profonde dans laquelle nous devons nous baisser et qui à été plutôt bouleversée... nous nous arrêtons ici. La route de Berlin n'est pas encore percée plus loin que ce point.

Mon compagnon en cette excursion est un homme que j'avais admiré depuis des années et que je n'avais jamais rencontré avant que je vinsse voir la guerre ; c'est l'auteur d'un livre appelé *A Hind Let Loose* (Une biche en liberté). C'est un

journaliste en liberté. Deux tiers des jeunes officiers anglais que je rencontrai dans ce voyage,
n'étaient réellement pas du tout des « militaires ».
On n'a plus ce sentiment d'avoir à s'entretenir avec
un cerveau hautement spécialisé qui rendait le
vieil officier un si désagréable compagnon pour
un grand parleur. Il ne connaissait rien que
quelques théâtres et musics-halls les plus populaires et, sorti de son cercle, personne. Il avait
lu un certain nombre de romans, mais il en
avait ou oublié ou même jamais remarqué le
titre. Il considérait la philosophie, l'histoire,
l'art ou la religion comme « un peu trop profonds » pour lui. Cette tradition ne survit plus
maintenant que dans les états-majors. On trouve
maintenant que le subalterne est en réalité un mu-
sicien ou un critique musical, ou encore un égyp-
tologue, un solicitor, un fabricant de drap, même
un écrivain. Au début de la guerre, mon compagnon se teignait les cheveux pour en cacher l'in-
discrétion argentée et, s'étant fait moquer de lui
par les gens du recrutement, il s'était engagé dans
le bataillon des sportsmen. Il fut blessé et alors
les autorités découvrirent qu'il était susceptible de
rendre de plus grands services au ministère et le
retirèrent, en dépit d'une vive résistance de sa
part, de la ligne de feu. Aussi est-ce toujours avec
plaisir qu'il y revient chaque fois qu'il peut trouver comme excuse un visiteur à conduire. Il se

dressait en ce moment très en vue, m'expliquant
en détail pourquoi les Allemands ne tiraient plus
et me montrant les points d'intérêt.

J'étais arrivé enfin tout près de la « Terre qui
n'est à personne ». Elle était sous mon menton.
L'horizon, le dernier horizon avant que les Anglais surplombent Bapaume, était rompu par un
bois déchiqueté et un village en ruine qui étaient
soumis à un arrosage consciencieux de shrapnels
anglais. « Ils ont une batterie là-haut, et nous leur
rendons la place intenable ! »

La « Terre qui n'est à personne » est un espace
herbeux, percé de trous d'obus, avec très peu de
fil de fer barbelé devant nous et très peu devant
les Allemands. « Ils ont des *snipers* (1) dans la
plupart des trous et on les voit dans le crépuscule
se glisser de l'un à l'autre. » Nous avons très peu
de fil de fer parce que nous ne comptons pas rester longtemps dans cette tranchée et les Allemands n'en ont pas beaucoup plus parce qu'ils
n'ont pas encore pu en apporter. Ils n'en auront
d'ailleurs pas besoin maintenant...

Je m'étais laissé dire que la « Terre qui n'est à
personne » était recouverte de morts non ense-
velis, je n'en vis rien ici. Il n'y avait pas eu de
contre-attaque allemande depuis que nos soldats

---

(1) Mot anglais signifiant un tireur de choix, ainsi que
les Allemands en ont dans tous leurs régiments. (*Note du
traducteur.*)

avaient pris cette position. Mais à un certain endroit, comme nous marchions le long de la tranchée, une odeur nauséabonde se fit sentir. « Des Allemands, je crois », me dit mon guide, bien que je me demande comment il pouvait le savoir.

Il regarda sa montre et remarqua comme à regret : « Si vous partez tout de suite, vous pouvez y arriver ! »

Je voulais attraper le bateau de Boulogne. Il était juste une heure de l'après-midi. Nous rencontrâmes la soupe comme nous revenions par la tranchée de communication et elle sentait très bon, ma foi... Nous traversâmes en hâte les grands espaces de désolation affreuse où de temps en temps un obus allemand éclatait...

Cette nuit-là j'étais dans mon appartement à Londres. J'avais fini de lire les lettres accumulées de quelques semaines et je gagnais confortablement mon lit.

IV

DE NOUVELLES ARMES

POUR DES VIEILLES

§ 1er

Tels sont les paysages et les méthodes de la guerre moderne. Elle est plus différente dans sa nature de la guerre telle qu'elle était livrée au XIXe siècle que celle-ci ne l'était de celle du temps des phalanges et des légions. Le fait central — — dans ma conversation avec le maréchal Joffre, il insista beaucoup sur ce point — est, toujours comme avant, la lutte ordinaire de l'homme, mais tous les accessoires et toutes les conditions de sa rencontre personnelle avec l'homme combattant de l'autre côté ont subi en un quart de siècle une révolution complète. La lutte d'ensemble, dans un ordre serré et discipliné, épaule contre épaule, qui fut considérée pendant des milliers d'années comme le moyen de combat le meilleur et le plus efficace, a été détruit ; l'idée de *briser* l'infanterie comme principale opération d'offensive a disparu, la charge de cavalerie et la poursuite de cavalerie sont aussi démodées que l'arbalète. L'homme de combat moderne est aussi individualisé qu'un demi-arrière et un centre-avant dans une équipe de football. Le combat personnel est redevenu une aventure individuelle avec le poignard, la crosse, la grenade, le revolver ou la baïonnette. Dans cette guerre nous exécutons au lieu de penser et ces changements énormes sont toujours compris mais imparfaitement. Le militaire entraîné et spécialisé les comprend aussi faiblement sans doute que n'importe qui.

C'est là une chose que je veux déclarer avec autant d'insistance que possible. C'est la quintescence de la leçon que j'ai apprise au front. La méthode entière de la guerre a été si modifiée ces dernières trente-cinq années qu'elle est devenue un procédé nouveau et complètement différent. Une grande partie de cette modification n'est seulement devenue effective que ces deux dernières années. Tout le monde est un débutant dans ce nouveau jeu ; tout le monde expérimente et apprend. L'ancien entraînement du soldat — les traditions établies des coutumes militaires, les habitudes mentales de ce que nous appelons en Angleterre les

« Army People » — ne leur convient pas plus spécialement pour ce nouveau jeu que n'importe quel
autre entraînement. Tant que cet ancien entraînement supprimait la pensée ; tant que la tradition
de l'armée a donné au soldat une disposition à
supposer qu'il est spécialement qualifié pour une
certaine sorte de guerre, ce professionnalisme a été
un désavantage positif. L'organisateur commercial, l'ingénieur civil, l'homme énergique d'une
intelligence générale est aussi susceptible de faire
un bon commandant dans cette nouvelle guerre
qu'un homme de la vieille classe militaire. Ceci
n'est pas, je crois, compris encore par les Anglais
aussi clairement que ce l'est par les Français.

Mais ce fut admirablement dit par *Punch*.
Cet excellent dessin du sergent vieux jeu, qui se
plaint à son officier de la nouvelle recrue : « Il va
bien dans les tranchées, monsieur ; il va bien à
l'attaque. Mais il ne fera jamais un soldat », est la
quintessence de tout ce que j'ai dit ici. Et n'y eut-
il pas de très grands doutes sur le général Smuts
dans les cercles militaires anglais parce qu'il
n'avait « eu aucune éducation militaire » ? Un Ca-
nadien exprima très nettement les nouvelles idées.
Comme on lui demandait, à la suite d'un salut in-
suffisant, s'il voulait être un soldat, il répondit :
« Non pas ! Je veux être un combattant ! »

L'officier professionnel de l'ancien temps était
un homme spécialisé dans l'une des armes éta-

blies. C'était un homme de l'infanterie, un homme de la cavalerie, un homme de l'artillerie ou un homme du génie. Il sera intéressant de retracer les changements qu'ont subis toutes ces armes.

Avant que commençât cette guerre, des écrivains spéculatifs avaient déclaré que la manœuvre d'infanterie en formation serrée n'avait aucune valeur combattante quelle qu'elle soit, qu'elle était sans doute extrêmement nécessaire pour le maniement, le rassemblement, l'envoi et la distribution des hommes, mais que le combattant d'infanterie idéal était maintenant un homme, hautement individualisé et ne comptant que sur soi-même, mis dans un trou avec une mitrailleuse et aidé par un cordon d'autres hommes lui apportant des munitions et prêts à l'entourer dans toute poussée en avant qui pourrait être nécessaire.

Les premières phases de la guerre semblèrent contredire ceci. Ce ne fut pas d'abord dans les règles du jeu allemand de combattre selon cette théorie moderne et l'action individuelle isolée est contraire au tempérament ordinaire allemand et opposé aux tendances sociales organisées de la vie allemande. Jusqu'à ce jour les Allemands n'ont encore attaqué qu'en formation serrée ; ils sont incapables de produire une réelle infanterie moderne dans un but d'agression et c'est pour nos esprits militaires du côté anglais un cas d'étonne-

ment que nos nouvelles armées entraînées à la
hâte se montrassent tout aussi bonnes dans les nouveaux combats que les troupes les plus aguerries.
Mais il n'y a pas de raisons pourquoi elles ne le
seraient pas. « Conduire » dans le sens d'aller à
la tête de ses hommes et de les faire marcher mécaniquement au mot de commandement, a cessé.
Sur le front anglais, nos magnifiques nouveaux
subalternes et nos également magnifiques nouveaux sous-officiers jouent le rôle de capitaines
d'équipe de football ; ils enseignent individuellement à leurs hommes à comprendre le travail qui
est devant eux ; ils critiquent le style et la perfor-
mance. Sur le front français, les choses sont
encore poussées plus loin. Dans certaines attaques
il est donné à tous les hommes une carte à grande
échelle du terrain qu'ils doivent envahir et la
tâche individuelle de chacun d'eux leur a été clairement marquée et expliquée. Tous les fantassins
alliés tendent à se spécialiser soit comme grena-
diers, soit comme mitrailleurs, etc... Le soldat or-
dinairement non spécialisé qui a marché et s'est
avancé en rangs, dans ces lignes serrées d'hommes
qui sont la substance principale de tout récit de
bataille depuis trois mille ans, est aussi suranné
que le dodo. Le fusil et la baïonnette deviennent
eux aussi très probablement surannés. Les poi-
gnards, les crosses et les revolvers sont plus utiles
dans les tranchées. Les criss et les épées romaines

seraient aussi utiles. La belle escrime de la baïonnette n'est possible que dans les rares assauts de
plein air. Même l'assegai des Zoulous servirait
aussi bien. Les deux opérations de l'attaque d'infanterie sont maintenant l'avance et le corps à
corps. Elles n'ont lieu qu'après la préparation
d'artillerie. Contre l'avance il y a la mitrailleuse.
La mitrailleuse devient de plus en plus légère et
de plus en plus utilisable par un seul homme ; et
c'est la fin du fusil. Contre la mitrailleuse nous
dirigeons maintenant le « Tank », qui avance et
sort ses mitrailleuses et aiguillonne la poussée
d'infanterie. Nous employons aussi l'aéroplane
mitrailleur à basse hauteur. Ces deux nouveautés
sont d'origine anglaise et elles promettent bien.

Après la poussée et l'assaut vient l'organisation
de la tranchée prise ; le terrassement complète le
cycle de combat de l'infanterie moderne. Vous
pouvez le considérer comme la première ou la dernière phase d'une opération d'infanterie. C'est
probablement, pour l'instant, la partie la moins
travaillée de tout le cycle. Là, se trouve la seule
supériorité allemande ; ils se groupent et s'assem-
blent dans la poussée, ils sont inférieurs dans le
corps à corps, mais ils creusent comme des taupes.
La faiblesse des Anglais est leur défaut d'installation. Ils aiment la poussée et le corps à corps, ils
vont trop loin, ils se font prendre de flanc et se
perdent « dans l'espace » ; ils ne sont point natu-

rellement très forts dans la partie de terrassement
et ils ne sont pas encore très bien entraînés à faire
des tranchées et des abris rapidement et intelligemment. Ils font preuve de la plupart des dé-
fauts qu'on supposait être les plus distinctement
français avant que cette guerre vînt révolutionner
toutes nos conceptions du caractère français.

§ 2

Les opérations de cette infanterie moderne, qui
contrairement à toute autre infanterie précédente
dans l'histoire des guerres ne combat pas en formations disciplinées, mais comme des spécialistes
hautement individualisés, sont déterminées presque complètement par la préparation d'artillerie.
L'artillerie est maintenant l'instrument le plus
essentiel de la guerre ; vous pouvez encore avancer avec une infanterie plutôt inférieure, vous
pouvez encore tenir même après la perte de la
supériorité aérienne, mais dès que vos canons
vous font défaut vous approchez de la défaite. Le
procédé essentiel de tout l'art de la guerre est la
manufacture en quantité innombrable, le transport et l'expédition des obus sur les points vulné-

rables des positions de l'ennemi. C'est pour ainsi
dire le coup essentiel. Même le fantassin n'est
maintenant presque rien de plus que le légataire
universel après que les canons ont sonné leur
branle funèbre.

J'ai suivi maintenant presque toutes les phases
de la vie d'un obus depuis le moment où il est un
segment de barre d'acier qu'on vient de couper jusqu'au moment où il n'est plus que quelques débris
et fragments d'acier épars et rouillés — qu'on
donne comme souvenir aux visiteurs d'occasion
sur le champ de bataille. Toutes les bonnes usines
sont des places extrêmement intéressantes à visiter, mais une bonne usine de munitions vous pro-
cure une satisfaction romantique. Elle est presque
aussi affranchie de l'antagonisme de l'employeur
et de l'employé qu'une usine peut l'être. Les
hangars bourdonnants que j'ai visités près de
Paris me parurent la chose la plus active et la
plus vivante de toute la machine de guerre. Partout ailleurs je vis une activité capricieuse ou des
hommes dans l'attente. J'ai vu plus d'hommes
assis et debout, plus d'inactivité fastidieuse durant
mon tour que je n'en avais jamais vu dans ma
vie. Même les tranchées de première ligne semblent assoupies ; l'ange de la mort sommeille au-
dessus d'elles et s'avance dans son sommeil pour
écraser la vie des hommes. Le canon a une inter-
mittence indolente. Mais les usines de munitions

travaillent jour et nuit, travaillant contre les usines de l'Europe centrale, travaillant pour la lente, coûteuse et nécessaire victoire qui devra mettre fin à jamais à la guerre d'agression dans ce monde.

Il serait très intéressant si l'on pouvait arranger une entrevue entre un fabricant de munitions allié d'un côté et, de l'autre, le kaiser et Hindenburg, ces deux effigies dominantes du rêve de puissance mondiale des nationalistes allemands. Ou, puisque c'est impossible, Mr. Dyson, l'excellent artiste, pourrait du moins dessiner cette entrevue. Vous voyez ces deux figures héroïques costumées pour cette rencontre, magnifiques sous leur casque étincelant, leurs manteaux flottants avec leurs décorations, l'épée brillante au côté, les éperons aux bottes.

« Voici, leur dirait quelqu'un, la force qui vous a arrêté. Vous étiez soutenu très loyalement par la maison Krupp et les autres, vous empiliez les obus, les canons, le matériel de guerre, vous espériez arracher votre victoire avant que l'industrialisme et l'invention du monde pussent se tourner contre vous. Mais vous n'avez pas réussi. Vous ne fûtes pas assez rapides. La bataille de la Marne vous porta malheur. Et Ypres !... vous perdîtes des points à Ypres. A deux on peut jouer à l'industrie destructive et maintenant nous vous avons dépassé. Nous empilons les munitions maintenant plus vite que vous. Les règles de ce grand jeu du Seigneur de la Guerre sont stupidement simples mais elles ne furent pas choisies par nous. Ce n'est plus maintenant qu'une question de mois avant que vous reconnaissiez inévitablement votre erreur. Cette guerre n'est plus une guerre à la gloire d'un grand commandant. Ce monsieur en chapeau melon est le vainqueur, sire ; et non vous. Aidé, sire, par ces filles d'usines en tablier et à l'aspect rien moins que respectueux. »

Par exemple, voici M. Citroen. Avant la guerre, il fabriquait, je crois, des automobiles ; après la guerre, il veut se remettre à fabriquer des automobiles. Pendant la durée de la guerre, il fait des obus. Il a été momentanément entraîné de l'industrie constructive à l'industrie destructive. Il me fit les honneurs de son usine. C'est un homme compact, actif, habillé de noir et coiffé d'un chapeau melon, avec un crayon et un carnet toujours à sa portée. Il me parla en un français soigneusement facile et il guettait sur mon visage, d'un œil intelligent derrière son pince-nez, des signes de compréhension. Puis il passait au point suivant.

Il me fit voir tous les degrés de son travail. Dans son bureau, il m'en montra l'histoire générale. Il y avait là des photographies de certains champs vacants et de vieux hangars. « Cet endroit » — il me montrait par la fenêtre la perspective modifiée — « au début de la guerre. » Il me montra un plan de la première entreprise. « Nous avons maintenant plus de neuf mille ouvriers. »

Il me montra une petite rangée de modèles. « Ceux-ci sont pour l'Italie. Ceux-ci vont en Russie. Ceux-là, ce sont des modèles roumains. »

De là nous passâmes au premier degré : la coupe des barres de fer, le fourneau, le martelage de la première forme de l'obus ; tout ceci c'est le travail des hommes. J'avais déjà vu cette sorte de chose auparavant dans des forges du temps de paix, mais je la revis avec le même étonnement : la précision absolue de mouvement chez les hommes à demi nus et en sueur, l'efficacité calculée de chaque ouvrier, l'inattention apparente, la certitude réelle, avec laquelle le cylindre encore rouge est mis ici, jeté là, roule à l'endroit qui lui est désigné, puis se trouve happé et transmis, le passage rapide à la forme brute refroidie, d'un rouge pâle, de l'obus. Sur une longue ligne on voit en perspective une symétrie de fours et de groupes de machines et les obus partent de cette première série de phases pour subir la longue succession d'opérations, passant d'une machine sur l'autre, qui nécessite toute la longueur de l'usine, dont quatre-vingt pour cent des ouvriers sont des femmes. Il y a dans l'air un bruit perpétuel, le bruit monotone de toutes ces machines en mouvement, coupé par moments de bruits plus secs et métalliques ; M. Citroen doit élever la voix. Il me fait remarquer où il a fait quelques changements, coupé un mouvement inutile... une idée lui vient et il en prend note sur son carnet toujours à sa portée.

Il y a de la beauté chez toutes ces femmes, il y a une grâce extraordinaire dans leurs mouvements bien ajustés. Je venais de prendre mon café sur les boulevards où j'avais constaté la mode affreuse de notre temps, ce me fut un soulagement de me voir rappeler que la plupart des femmes peuvent être jolies — si seulement elles voulaient ne pas « faire de toilette ». Ces femmes portent un simple tablier et une casquette. A la casquette est une rosette. Chaque hangar a sa couleur particulière de rosette.

— Il y a beaucoup d'esprit de corps ici, me dit M. Citroen.

« Et puis, ajoute-t-il, montrant l'avers aussi bien que le revers du problème mondial du travail et de la discipline, nous pouvons voir de suite si une femme n'est pas dans son hangar.

Dans ces grands hangars sous les arbres de couche — comme ce doit être beau la nuit ! — les obus sont façonnés, tournés, coupés, garnis de bandes de cuivre, calibrés, polis, vernis...

Puis nous passons à un autre système de machines où le plomb est réduit en rubans et coupé en balles de shrapnels comme le confiseur étire et coupe la pâte à bonbons. Puis nous descendons dans un labyrinthe de passages souterrains et étouffants où passent les câbles des moteurs. Il n'y a pas un câble qui ne soit accessible immédiatement aux électriciens. Nous visitons les dynamos et une vaste organisation de tableaux de distribution...

Ces choses sont plus familières à M. Citroen qu'à moi. Il veut me faire comprendre et il ne s'aperçoit pas que je voudrais un peu de répit pour m'émerveiller. Ce qui l'intéresse en ce moment, parce que c'est la chose la plus nouvelle, c'est sa méthode de payer ses ouvriers. Il lève très gravement la main :

— J'ai dit : Ce que nous devons faire, c'est abolir complètement le comptage de la monnaie.

A une certaine heure, m'expliqua-t-il, c'était la paye. Les ouvriers avaient fini, c'était son intérêt et le leur qu'ils partent de l'usine aussi vite que possible pour aller se reposer et s'amuser. Il les regardait faire la queue au guichet tandis qu'à l'Intérieur quelqu'un comptait : tant de francs, tant de centimes. Cela l'ennuyait de voir cette attente inutile et fatigante. Il l'abolit. Maintenant à la fin de chaque semaine l'ouvier va à un guichet au-dessus duquel se trouve l'initiale de son nom et on lui donne une carte sur laquelle se lit :

Balance de la semaine dernière.

Tant d'heures à tant.

Primes.

Le total est de tant de francs, tant de centimes.
Cette somme est divisée en deux parts : le chiffre
rond le plus proche, cent, cent vingt ou quatre-
vingts francs selon le cas, et une balance des
quelques francs et centimes qui restent. Celle-ci
est reportée au compte de la semaine suivante. Au
bas de la carte se trouve un petit coupon à déchi-
rer, avec un timbre d'une teinte spéciale indiquant
la somme ronde ; vert par exemple pour cent, bleu
pour cent trente. Ce coupon est porté à un guichet
marqué cent ou cent trente selon le cas où un
caissier est tout prêt à donner les piles de cent ou
cent trente francs disposées devant lui ; il prend le
coupon, tend l'argent. « *Le suivant !* »

Je m'intéressai au côté ouvrier de cette organisation. J'insistai pour voir les entrées, les ves-
tiaires, les lavatories, etc... Nous vîmes, conduits
par des femmes à l'air important, une série de
trolleys électriques chargés d'obus terminés, du
moins autant que le travail de cette usine est concerné, et en route pour le chemin de fer. Nous
visitâmes l'hôpital, car ces usines réclament un
corps médical. Ce n'est pas seulement que des
hommes et des femmes se trouvent mal ou tombent malades, mais il y a les accidents. Les bles-
sures de guerre commencent déjà ici et principalement chez les femmes. Je vis une femme blessée,
le visage bandé, assise tranquillement dans un
coin.

Les femmes ici courent des dangers, peut-être pas aussi évidents que les femmes qui, dans la période suivante de la carrière de l'obus font et empaquettent les explosifs dans leurs gaines de soie, mais leurs risques cependant sont considérables. Et elles travaillent avec un réel enthousiasme. Elles savent qu'elles combattent les Boches aussi bien qu'un homme. Certaines d'entre elles portent des décorations russes. Les femmes de cette usine, en particulier, ont été remerciées par le tzar et un certain nombre de décorations furent envoyées par lui pour leur être distribuées.

§ 3

L'usine d'obus et le hangar d'explosifs sont avec le champ de manœuvre le premier degré réel de l'une des deux attaques essentielles dans la guerre moderne. Quand on rencontre ensuite l'obus, c'est à son déchargement du chemin de fer dans un parc à munitions. Et là le travail de contrôle est beaucoup plus le travail d'un bon directeur de transports que du soldat à l'ancienne mode.

C'est par un jour humide et venteux que je visitai le parc dont je me souviens le mieux. Sur un vaste terrain s'étendent les voies de la tête de ligne, la voie normale se développant en éventail, entremêlée de lignes à voies étroites qui conduisent presque jusqu'aux canons. Sur les quais on chargeait des camions et un officier méridional, qui avait charge d'un, s'indignait avec véhémence d'un retard de cinq minutes. Entre ces deux catégories de lignes des obus de toutes dimensions étaient empilés ; il y en avait bien, je crois, plusieurs centaines de mille qui, ruisselants, brillaient sous la pluie. Des réservistes, des soldats de Madagascar et quelques Sénégalais étaient occupés en différents endroits à charger et décharger le précieux matériel. A quelque distance de moi se trouvaient des prisonniers allemands, l'air abattu, qui maniaient des bûches de bois. Tout ce parc n'était, pour ainsi dire, qu'un tourbillon dans le cours de l'obus, depuis sa naissance de l'acier à Paris jusqu'à l'accomplissement de sa destinée : la destruction ou la capture de nouveaux Allemands.

Et ensuite le visiteur rencontre l'obus sur le petit trolley qui le conduit jusqu'au canon. Il voit les artilleurs, aussi exercés et précis que les hommes qu'il a vus dans les forges, faire balancer la culasse et glisser dans le canon l'obus auquel, depuis son départ du parc, on a adapté son détonateur et divers autres produits industriels. La culasse se referme comme la porte d'un coffre-fort et cache l'obus au visiteur. C'est l'adieu. Le visiteur s'entend alors donner des conseils exagérés

quant au danger que courent ses oreilles, il s'y en-
fonce les doigts, il ouvre la bouche ainsi qu'on le
lui a conseillé ; il entend alors un « boum » bruyant
mais nullement assourdissant et voit une petite
flamme s'échapper de la culasse. Des ordres d'un
caractère sévère lui interdisent de contempler du
haut d'un aéroplane la livraison au client d'en
face.

J'ai déjà décrit la méthode de repérer les canons
de l'ennemi et divers autres points d'intérêt par la
photographie. La plupart des hommes occupés à
ce travail ressemblent plus à des dentistes qu'à
des soldats ; on les voit travailler dans des salles
bien éclairées, ils portent des tabliers blancs, ils
ont des mains propres et les façons d'hommes de
laboratoire. La seule figure réellement romantique
dans tout cet enchaînement de gens et de choses,
la seule figure qui ait gardé quelque chose de la
vieille crânerie soldatesque, c'est l'aviateur. Et,
ainsi qu'un ami me le faisait remarquer lorsque je
visitai l'œuvre du corps d'aviation anglais : « La
force essentielle réelle de cette arme est l'organisation de ses ateliers de réparations. Voici l'un des
camions de réparations par lequel passent nos
mitrailleuses. C'est un atelier automobile. Mais à
n'importe quel moment tout ce parc avec tous ses
accessoires peut se plier, s'emballer et changer de
place comme le cirque Barnum lui-même. Les mitrailleuses passent par cet atelier à tour de rôle ;

elles en ressortent nettoyées, réparées, remises à neuf. Depuis que nous avons cette installation, nous n'avons jamais entendu parler d'une mitrailleuse en panne dans un combat aérien... »

On peut s'imaginer la suite de la carrière de l'obus après qu'il a quitté le canon, principalement d'après les obus immigrants de l'ennemi. Vous voyez soudainement un jaillissement de terre, de pierres et de tout ce qui est mobile dans le voisinage de l'obus qui éclate, un nuage épais de poussière et de fumée rougeâtre se forme instantanément, grossit rapidement, puis commence lentement à se désagréger et à se dissiper. Et après avoir vu le nuage vous entendez le sifflement de l'obus et finalement le bruit de l'explosion. C'est le *climax* et la fin de la vie de tout obus qui se respecte et n'est pas un « raté ». Ensuite la fusée bossuée servira de presse-papiers à quelque journaliste. Le reste n'est que de la ferraille.

Tel est, pour ainsi dire, le développement primaire de la guerre moderne. Je ne tirerai pas l'évidente morale pacifiste de l'intense folie des efforts humains concentrés sur ce développement. Les Allemands l'ont voulu. Nous autres Alliés, nous n'avons fait qu'obéir à la volonté allemande de faire la guerre parce que nous ne pouvions faire autrement, nous avons adopté ce petit jeu du lancement d'obus et nous leur apprenons que nous pouvons le jouer mieux qu'eux, dans l'espoir qu'ainsi nous, et le monde, pourrons être affranchis à jamais par la suite de l'insistance allemande à gouverner et de toutes ses conséquences humiliantes et dégoûtantes. L'Europe n'est pas autre chose qu'une famille engagée à contenir, et si possible à maîtriser, un de ses membres atteint de monomanie.

§ 4

Tout ce développement, depuis la fabrication de l'obus jusqu'à son arrivée en territoire ennemi, qui est le développement principal de la guerre moderne, est de ceux qui peuvent être beaucoup mieux conduits par un homme accoutumé à l'organisation industrielle que par le vieux type du soldat. C'est là une chose qu'on ne dira jamais assez clairement et souvent. L'Allemagne a presque gagné cette guerre à cause de ses formidables ressources industrielles modernes ; mais elle s'y est lancée en gaffant et elle la perd parce qu'elle a trop d'hommes en uniforme militaire et parce que leurs intérêts et leurs traditions étaient trop puissants chez elle. Tout l'état et la gloire du métier militaire, les brillants uniformes, les plumes et les éperons, les drapeaux, les revues, les avances en masses disciplinées, la charge, tout cela est aussi inutile et démodé maintenant en guerre que les masques et les boucliers d'un brave Chinois du temps jadis. Des gens à l'esprit libéral parlent du danger futur du militarisme en face d'événements qui prouvent définitivement que le militarisme professionnel est déjà aussi mort que Jules César. Ce que sera demain, ce n'est pas tant la conversion d'hommes en soldats que la socialisation de l'organisation économique du pays dans un but à la fois national et international. Nous ne voulons pas changer un chimiste ou un photographe en un soldat de plomb, marchant mécaniquement au mot de commandement, mais nous voulons que sa chimie ou sa photographie soit immédiatement utilisée si l'organisation nationale est appelée à combattre.

Nous avons découvert que l'organisation économique moderne est en elle-même une machine de combat. Elle l'est tellement qu'elle est capable de contenir et de vaincre un peuple purement guerrier qui serait assez aventureux de s'attaquer à elle. Pendant ces dernières seize années des méthodes de combat ont été élaborées qui ont rendu la guerre une aventure absolument désespérée pour tout peuple barbare et non industrialisé. Dans la précipitation des événements plus importants peu de gens ont compris la signification de la défaite rapide des Senussi et de l'échec de la ré-

bellion de de Wet dans l'Afrique du Sud. Ces
deux luttes auraient été longues, monotones et in-
certaines même en 1900. Cette fois-ci, elles n'ont
été, pour ainsi dire, que jeu d'enfants.

De temps à autre, je trouve dans mon cabinet
de travail des fragments égarés de la littérature
américaine concernant la question de la « préparation » et des journaux américains discutant la
situation mexicaine. Je ne trouve dans aucun de
ceux-ci la moindre compréhension claire de la révolution fondamentale qui a eu lieu dans les méthodes militaires durant ces deux dernières
années. Il semble qu'une guerre mexicaine, par
exemple, serait faite par des jeunes gens imparfaitement entraînés avec des fusils et toutes sortes
de choses aussi démodées. Une guerre mexicaine
de ce genre pourrait être aussi fastidieuse que la
guerre sud-africaine. Mais si les Etats-Unis voulaient s'occuper des affaires mexicaines avec ce
que l'on permettra d'appeler un équipement d'au-
tomne 1916 au lieu du petit équipement de 1900
qu'ils semblent posséder en ce moment, il n'y a pas
de raison pour que l'Amérique ne disperse et ré-
duise à l'impuissance en quelques semaines toutes
les forces de guerilla mexicaine qu'elle voudrait.

Pour cela il lui faudrait une flottille de quelques
centaines d'aéroplanes, pour la plupart armés de
mitrailleuses, et les camions de réparations et
d'autres accessoires devant nécessairement accom-

pagner les aéroplanes, il lui faudrait une armée relativement petite d'infanterie possédant des mitrailleuses avec des transports automobiles et quelques petits cuirassés de terre munis de canons de trois pouces. Naturellement, toutes les automobiles seraient munies de ces roues-chenille qui ont été découvertes par les expériences britanniques dans la guerre actuelle et qui permettent de franchir n'importe quel sol. Une telle force pourrait cerner, attaquer, détruire et disperser toutes les forces possibles qu'un pays, dans les conditions industrielles présentes du Mexique, pourrait mettre en campagne. Aucune sorte de retranchements ou de fortifications possibles au Mexique ne pourrait l'arrêter. Elle pourrait aller d'un bout à l'autre du pays et chasser et capturer tout le monde qu'elle voudrait...

Les conséquences politiques pratiques du développement actuel de la guerre, de la révolution complète dans les conditions de la guerre depuis que ce siècle a commencé, est de rendre la guerre absolument sans espoir pour tous les peuples incapables de manufacturer ou de se procurer les accessoires très compliqués et les munitions qu'elle nécessite maintenant. Des pays comme le Mexique, la Bulgarie, la Serbie, l'Afghanistan ou l'Abyssinie ne sont pas plus capables de partir en guerre sans la connivence et le concours d'états manufacturiers que les chevaux sont capables de voler. Et ceci rend possible un contrôle complet de la guerre, par les quelques grands Etats qui sont dans l'état nécessaire de développement industriel, tel que les plus utopistes d'entre nous n'avaient jusqu'ici jamais osé l'imaginer.

§ 5

Des fantassins avec des transports automobiles, des mitrailleuses en masse, des tanks et tous autres accessoires de ce genre, c'est là la première arme de la guerre moderne. La main usinière et tout le matériel du cours de l'obus depuis l'usine jusqu'au canon constitue la seconde arme. Troisièmement vient l'artillerie, les canons et les aéroplanes photographiques travaillant avec les canons. Ensuite, je suppose que nous devons compter les sapeurs et les mineurs (le génie), comme une quatrième arme d'une importance considérablement accrue. La cinquième et dernière arme combattante est le remplaçant moderne de la cavalerie et c'est là encore essentiellement une force d'aéroplanes soutenue par des automobiles. Plusieurs des chefs français auxquels je parlai me parurent être convaincus que le cheval est absolument « fini » dans la guerre moderne. Il n'y a rien, me déclarèrent-ils, que la cavalerie fît qui ne pût être fait et mieux fait par l'aéroplane.

C'est là quelque chose qui brisera le cœur des junkers prussiens et des militaires anglais vieux jeu. La chasse à travers la campagne anglaise, la conservation du renard comme un animal sacré, les meetings de courses, la stimulation du pari dans toutes les classes du public, toutes ces choses dépendent finalement de cette supposition que l'élevage des chevaux est d'une importance vitale à la force militaire de la Grande-Bretagne. Mais si les arguments de ces Français expérimentés sont justifiés, le culte du cheval cesse d'être de plus de valeur à l'Angleterre que les élégantes activités de la société toxophilique. De plus, il y a eu un colossal achat de chevaux pour l'armée anglaise, une formidable organisation pour l'achat et la fourniture du fourrage, puis l'emploi de dizaines de milliers d'hommes comme grooms, palefreniers, etc..., qui autrement auraient été dans les usines de munitions ou dans les tranchées. D'après l'hypothèse de mes amis français, ce fut un pur gaspillage d'hommes et d'argent. Derrière le front anglais je fis des kilomètres en automobile ne rencontrant que cavalerie sur cavalerie. C'est là, professent ces théoristes, non seulement une force inutile mais encore dangereuse. Elle peut très facilement être entraînée dans des situations désastreuses.

A quel emploi possible, demandent-ils, la cava-

lerie peut-elle servir ? Peut-elle être employée dans
l'attaque ? Pas contre les tranchées ; les fantassins
font mieux après un bombardement. Peut-elle
être employée contre l'infanterie brisée en rase
campagne ? Non, si l'ennemi a une ou deux mitrailleuses pour couvrir sa retraite. Contre une
infanterie exposée l'aéroplane avec une mitrailleuse est beaucoup plus infernal et beaucoup plus
difficile à toucher. Votre infanterie peut suivre
derrière pour recueillir ceux qui se rendent ; dans
la plupart des circonstances, elle peut avancer à
bicyclette si ce n'est qu'une question de traverser
rapidement un vaste espace. De même pour la
poursuite, l'emploi du fil de fer et de la mitrailleuse a aboli toutes possibilités de charges de cavalerie. L'aéroplane d'attaque fait tout ce que la cavalerie pourrait faire pour désorganiser l'ennemi
et beaucoup plus qu'elle ne pourrait faire pour
imposer silence aux mitrailleuses. Il peut prendre
des canons en retraite beaucoup plus facilement,
en bombardant les tracteurs et en descendant
assez bas pour tuer les hommes et les chevaux.
Une poursuite idéale moderne serait une avance
de canons, d'automobiles pleines d'infanterie, de
motocyclistes et de cyclistes derrière un écran
élevé d'aéroplanes d'observation et un écran plus
bas d'aéroplanes de combat et de bombardement.
La cavalerie *pourrait* avancer à travers les champs

et autres terrains semblables, mais seulement comme une partie très accessoire de l'avance générale...

Et que reste-t-il à faire pour la cavalerie ?

On pourra dire que les chevaux peuvent passer sur des terrains qui sont impossibles aux automobiles. C'est ignorer complètement ce qui a été fait en cette guerre par de nouvelles découvertes comme les roues-chenille. Au lieu que la cavalerie puisse franchir des terrains où les machines s'embourberaient et échoueraient, les machines peuvent maintenant franchir des endroits où n'importe quel cheval tomberait.

Je soumets ces considérations aux partisans du cheval. Ce ne sont pas des observations qui me sont propres ; elles m'ont été faites et elles m'ont convaincu. Si ce n'est peut-être comme un parent des mulets de transports, je ne vois désormais pour le cheval aucun autre rôle à jouer dans la guerre.

§ 6

La forme et la texture de la guerre à venir — s'il doit y avoir encore une guerre à venir — ne sauraient encore être visibles dans leur intégralité

sur le champ de bataille moderne. Une hirondelle
ne fait pas l'été pas plus qu'une poignée d'aéroplanes, un tank, quelques hectares percés de trous
d'obus et çà et là un village rendu absolument mé-
connaissable ne font autre chose que symboliser à
l'avance le spectacle de la guerre sur terre moder-
nisée. La guerre par ses développements est devenue le monopole des cinq grandes puissances
industrielles ; c'est à elles d'y mettre fin ou de la
faire évoluer et, si elles continuent à ne pas s'accorder, la guerre deviendra alors un spectacle
d'horreur formidable tel qu'aucun homme ne peut
concevoir. Mr. Pennell, l'artiste qui a récemment
gravé sur pierre ses impressions de la guerre (1), a
donc eu raison de ne pas faire ses tableaux sur les
champs de bataille, mais parmi ce gigantesque
appareil industriel qui se dresse derrière et a pris
dans la guerre la place du gentilhomme aux éperons. Il nous donne les splendeurs et les immen-
sités de la forge et du haut fourneau, du four et
de la mine. Il nous montre combien elles sont
grandes et terribles. Au milieu d'elles se meuvent
de petites silhouettes d'hommes, dépourvus de
toute domination, dépourvus de toute qualité individuelle. Il nous laisse le soin de tirer la conclusion évidente, à savoir que bientôt, si nous ne pouvons arriver à mettre fin à la guerre, des atrocités

____

(1) Heinemann, édit., Londres.

comme celle-ci, des énormités, des flammes, des menaces orgueilleuses suivront la trace des Tanks et fouleront aux pieds le chaos querelleur de l'humanité.

Il y a quelque chose de très frappant dans ces hommes insignifiants et incidentels que nous montre Mr. Pennell.

Nulle part dans ces merveilleux tableaux on ne voit un homme dominer. Vous pourrez dire que ceci n'est pas en conformité avec les réalités essentielles ; tout cet ensemble de machines et d'ateliers, toute cette force ordonnée et distribuée, a été la création de l'inventeur et de l'organisateur industriel. Mais ne prenons-nous pas trop de liberté envers ce mot « *création* » ? Falstaff fut une création sans doute et les Sibylles sixtines ; nous avons là indubitablement une fin conçue, cherchée et achevée. Mais ces inventeurs et ces organisateurs industriels font-ils plus que d'obéir à certaines injonctions inévitables ? Voulant du charbon ils furent obligés de creuser leur mine de certaine façon, voulant de l'acier ils durent faire de telle et telle façon et non de telle autre, voulant des bénéfices ils durent obéir à l'injonction impérative de l'économie. Ils avaient si peu projeté leurs fins que la plupart de ces manufacturiers parlent avec une sorte d'étonnement de l'emploi destructeur auquel on a mis leurs usines. Ils se trouvent en train de faire la guerre nouvelle comme un homme qui s'éveillerait d'un lourd sommeil pour se trouver en train d'étrangler sa mère.

Si bien que les figures humaines, esquissées et transitoires, de Mr. Pennell me paraissent très justes. Il voit ces forges, ces ateliers, ces grues, etc., etc..., aussi inhumains et aussi merveilleux que les falaises, les grandes cavernes, les icebergs ou les étoiles. Ils sont un nouvel aspect de la logique de la nécessité physique qui fit toutes ces choses plus vieilles et il saisit la majesté et la beauté de leurs dimensions avec une entière impartialité. Et ces choses sont aussi impartiales. Dans toutes ces lithographies on voit un motif unique, l'effort suprême de la civilisation occidentale à se sauver, elle et le monde, de la domination du réactionnaire impérialisme allemand qui s'est emparé des armes et des ressources de la science moderne. Ces tableaux sont arrangés de façon à représenter la vie d'un obus, depuis la mine jusqu'au gros canon ; il n'y manque que le parc de munitions, le canon en action et l'explosion de l'obus. Tous ces grands phénomènes de la science ne sont aujourd'hui utilisés que sur ce seul thème. Mais demain ils peuvent être utilisés à quelque autre et plus noble but. Ces êtres gigantesques dont l'ingénieur est le maître et l'esclave, ne sont ni bons ni mauvais. Aujourd'hui ils produisent la destruction, ils sont les esclaves de l'éperon ; demain nous espérons qu'ils feront à nouveau des ponts, des transports et des maisons et nous donneront leur concours.

C'est pour cette paix que nous luttons contre l'inflexibilité pénible de la volonté à gouverner allemande.

V

LES « TANKS »

§ 1er

Ce sont les Anglais qui ont produit le « cuirassé
de terre » depuis que je suis revenu de France,
et l'ont employé apparemment avec d'excellents
résultats. Ce ne fut pas sans un très vif chagrin
que je regrettai de n'avoir pu les voir sur le front,
car je porte un intérêt particulier à cette invention. Ce serait supérieur au caractère humain de
ne pas émettre un certain orgueil en cette affaire.
Je décrivis un tank dans une histoire du *Strand
Magazine* en 1903 et mon histoire peut soutenir le
parallèle avec les premières descriptions de ces
monstres en action données par Mr. Beach Tho-
mas ou Mr. Phillip Gibbs. Mon ami, M. Joseph
Reinach, a fait passer de longs extraits de mon
histoire pour de véritables descriptions des Tanks

à des officiers anglais qui venaient de les voir. La
filiation est à vrai dire très visible. Ce sont mes
petits-enfants, et je me sens un peu comme le roi
Lear lorsque je lis quelque chose les concernant.
Toutefois permettez-moi de dire tout de suite que
je ne fus nullement leur premier auteur. Je pris
une idée, je la remaniai légèrement et la présen-
tai. L'idée me fut suggérée par l'invention d'un
certain Mr. Diplock, dont l'idée d'un « ped-rail »,
l'idée d'une roue qui était quelque chose de plus
qu'une roue, une roue qui pourrait faire grimper
une pente escarpée et traverser des terres labou-
rées à une locomotive, était dans le domaine public
il y a environ vingt-cinq ans. Il y en eut d'autres
sans doute avant Diplock. Au Ped-Rail aussi le
commandant Murray Sueter, un des nombreux
hommes qui firent des essais concernant les premiers tanks, reconnaît devoir de la gratitude. Et il
semble que Mr. Diplock lui-même fut employé
aux premiers essais des tanks.

Depuis mon retour j'ai pu voir le tank en Angleterre, grâce à la courtoisie du ministre des Munitions. Il s'est développé au delà de toute ressem-
blance possible depuis les premiers essais de Mr.
Diplock ; il ressemblerait plutôt à la roue-chenille
(Caterpillar) américaine. Ainsi que je le supposai
lorsque j'entendis parler pour la première fois du
projet, le War Office et les vieux militaires n'ont
eut pour ainsi dire rien à voir avec sa réalisation.

Ils l'acceptèrent très à contre-cœur — comme d'ailleurs ils ont accepté toutes les innovations de cette guerre. Un général fameux à une des premières propositions à ce sujet fit ce commentaire caractéristique : « Quel dommage que l'inventeur n'emploie pas son imagination à quelque chose de mieux ! » Cette stupide manie anglaise de se moquer de tout ce qui est « imagination » nous a coûté des milliers de pertes inutiles et peut très bien encore nous faire perdre la guerre ? Les tanks furent d'abord discutés au front il y a plus d'un an et demi ; Mr. Winston Churchill posait alors des questions quant à leur praticabilité ; il remplit de terreur ces âmes simples et il fut considéré comme le plus dangereux des lunatiques. La construction des tanks fut entreprise comme une branche irrégulière du département des voitures blindées du Royal Naval Air Service. Les noms les plus intimement associés avec ce travail sont (je cite une réponse du Dr. Macnamara à la Chambre des Communes) Mr. d'Eyncourt, le directeur des Constructions navales, Mr. W. O. Tritton, le lieutenant Wilson du Royal Naval Air Service, Mr. Bussell, le lieutenant Stern du R. N. A. S., maintenant colonel Stern, le capitaine Symes et Mr. F. Skeens. Il y a beaucoup d'autres personnes autorisées à émettre des droits sur cette invention, leur nombre interdit de les citer en détail.

Mais quel que puisse être l'ennui du brave colonel Newcomes qui jeta un voile de contrainte sur notre front victorieux, il n'y a aucun doute que les tanks soient un développement aussi important que nouveau de l'offensive moderne. Naturellement ni les tanks ni leurs prochains développements très évidents n'enlèveront la prééminence décisive à l'aéroplane. L'aéroplane reste maintenant plus que jamais l'instrument de la victoire sur le front occidental. La supériorité aérienne proprement employée, c'est la victoire. Mais le gros canon mobile blindé et le tank comme moyen d'imposer silence aux mitrailleuses doivent énormément faciliter une avance contre l'ennemi aveuglé. Ni l'un ni l'autre ne peuvent avancer contre un feu de grosse artillerie convenablement dirigé. Il faut avoir disposé de celle-ci avant qu'ils entrent en scène. C'est toujours la fonction de l'aéroplane de repérer les gros canons hostiles de l'ennemi et de diriger sur eux le tir de démolition avant que commence l'avance — même, à l'occasion, de les bombarder. Mais jusqu'ici après la destruction ou la mise en fuite de la grosse artillerie ennemie, les tranchées et les mitrailleuses ont encore infligé de nombreuses pertes à l'infanterie avançante jusqu'à ce que le combat fut gagné. Aussitôt que les gros canons sont hors d'état de nuire les tanks avancent, détruisant les mitrailleuses, complétant la destruction des fils de fer barbelés et imposant

l'immobilité aux prisonniers. L'infanterie n'a plus
ensuite qu'à venir ramasser les gerbes. Produits
en grande quantité et — j'écris ceci en considérant
d'un œil soupçonneux le colonel Newcome — employés à bon escient ces cuirassés de terre feront
pour abréger la guerre de grandes choses dans la
poursuite et en brisant l'ennemi en retraite. Une
fois la supériorité aérienne obtenue, je suis absolument incapable d'imaginer une façon quelconque d'arrêter définitivement où même de retarder considérablement une offensive ainsi équipée.

§ 2

Les petits des bêtes même les plus horribles ont
quelque chose en eux de piquant et d'engageant,
et je suppose que c'est dans le cours normal des
choses que le cuirassé de terre, qui ouvre une
nouvelle et plus terrible phase dans la folie
humaine de la guerre, apparaisse d'abord comme
si c'était une plaisanterie. Aucun appareil de ce
genre n'a jamais dissimulé autant sa méchanceté
sous une apparence d'imbécillité naturelle. Le tank
est une créature à laquelle on est tenté immédiatement de donner un petit nom d'amitié : les cinq

ou six qu'on me montra se baladant, fougeant et grimpant dans un grand champ auprès de X..., étaient aussi amusants et désarmants qu'une portée de petits cochons bien vivants.

Au début, le War Office empêcha la publication de toute gravure ou description de ces inventions, excepté à l'étranger ; puis brusquement l'embargo fut levé et la presse fut inondée de photographies. Le lecteur connaît maintenant leur aspect. Ils ressemblent à de grosses limaces, le dessous semblable à la bascule d'un cheval-bascule ; des limaces de soixante centimètres à un mètre vingt. On dirait des limaces à côtés plats, des limaces de génie qui dressent en l'air un museau curieux, semblable au museau d'un squale. Ils rampent sur leur ventre d'une façon qui ne pourrait intéresser le lecteur et qu'il n'est pas nécessaire de décrire au spécialiste curieux. Ils avancent avec la vitesse d'escargots actifs. A l'arrière deux roues, soutenant une faible queue, des roues qui vous apparaissent comme une incongruité et font ressembler le tank à un monstre qu'on aurait commencé kangourou et fini voiturette de poupée. (Ces roues m'ennuient.) Ce ne sont pas des monstres d'acier. Ils sont peints de ces teintes foncées et sans prétention qui sont de mode dans la guerre moderne, de sorte que l'armure ressemble plus au tégument d'un rhinocéros. De chaque côté de la tête se trouvent des joues blindées au-dessus

desquelles se dressent des canons qui ressemblent
à des yeux à tige. Tel est l'aspect général du tank
contemporain.

Il glisse sur le sol. Les stupides petites roues qui
retirent tant à la bestialité naturelle de son apparence sautillent derrière lui. Il se balance autour
de son axe. Il rencontre un obstacle, un mur bas,
par exemple, ou un tas de briques, et il commence
à le gravir laborieusement avec son museau. Il se
cabre devant l'obstacle, il soulève son ventre
tendu, il avance de plus en plus, puis finalement
il tombe en avant ; il se hisse par-dessus le tas,
puis plonge la tête la première, dressant en l'air le
faible contre-poids de sa queue à roues. S'il arrive
devant une maison, un arbre, ou un mur ou tout
autre obstacle important, il fonce sur lui de tout
son poids — il pèse *des* tonnes — puis grimpe par-
dessus les débris. Je le vis, et d'incrédules soldats
expérimentés le virent en même temps que moi,
franchir des tranchées et se vautrer d'une façon
surprenante dans des exagérations boueuses de
trous d'obus. Puis je recommençai le tour à l'intérieur.

Là encore le tank ressemble à la limace. La
limace, ainsi que le sait tout biologue, est intérieu-
rement extraordinairement compliquée. Le tank
fourmille d'autant de parties intérieures qu'un cuirassé. Il est rempli de machines, de canons et de
munitions et, dans les interstices, d'hommes.

— Vous allez abîmer votre chapeau, me dit le colonel Stern. Non, gardez-le, ou sans cela ce serait la tête que vous vous abîmeriez.

Mr. C. R. W. Nevinson pourrait seul rendre justice à l'intérieur d'un tank. Vous voyez une main qui serre quelque chose ; vous voyez les yeux et le front d'un mécanicien ; vous vous apercevez que ce tablier bleu pâle derrière la machine est le dos d'un autre homme. « Ne vous tenez pas à cela, vous dit quelqu'un, c'est trop chaud. Tenez-vous à ceci. » Les machines font un tel potin que je doute qu'on puisse entendre le canon du dehors. Le sol commence à se dresser graduellement jusqu'à ce qu'on se figure être à 45° ou environ ; puis toute la machine oscille, penche et s'incline de tous côtés. Vous venez de franchir un talus. Vous vous penchez en côté. Par la porte qui est restée ouverte vous voyez le petit groupe de mécaniciens, d'officiers d'état-major et de marine qui s'éloigne et disparaît derrière vous. Vous vous redressez et grimpez la colline. Vous vous arrêtez et commencez à tourner. Par la porte ouverte le champ verdoyant, avec ses murs rouges, ses rangées d'ateliers et ses forêts de cheminées dans le fond, commence à être animé d'un mouvement processionnel régulier. Le groupe d'officiers et de mécaniciens apparaît de l'autre côté de la porte, encore éloigné. Puis, c'est la descente en vitesse de la colline. Vous sortez et vous vous détirez les jambes.

Dans ce champ d'autres tanks font leurs premiers pas. L'un d'eux se débat d'une façon apoplectique dans le trou de boue ; une de ses joues est à demi ensevelie. Il s'en retire cependant avec l'air d'un animal soulagé.

Ils ressemblent à de grosses plaisanteries de Heath Robinson. On oublie que ces machines ont déjà sauvé la vie de plusieurs centaines de nos soldats et écrasé et vaincu des milliers d'Allemands.

Un soldat m'a dit :

— Dans les vieilles attaques, vous voyiez les morts anglais gisant autour de l'emplacement de la mitrailleuse comme des oiseaux au tableau d'un tireur. Maintenant, ces machines traversent tout.

§ 3

Je vis d'autres choses ce jour-là à X... Le tank n'est que le commencement d'une nouvelle phase de guerre. De ces autres choses je ne puis parler qu'en des termes des plus généraux.

Mais bien que les tanks et leurs collatéraux soient fabriqués à X. sur une très grande échelle, déjà je compris, en traversant ces forges gigantesques aussi hautes et merveilleuses que des cathédrales, et en passant d'atelier en atelier où les affûts de canons, les camions de munitions et une centaine d'autres véhicules du même genre, naissaient avec l'abondance croissante d'une rivière qui sort d'une gorge, qu'à mesure que le besoin de nouveaux développements devient plus clair et plus fort, les ressources de la Grande-Bretagne sont capables d'y répondre encore d'une façon formidable. *A condition qu'on n'enlève pas leurs hommes à ces grandes usines et forges.*

A ce propos certaines choses doivent être dites très nettement. Le facteur décisif dans la sorte de guerre que nous livrons en ce moment, c'est la production et l'emploi approprié du matériel mécanique ; la victoire dans cette guerre dépend maintenant de trois choses, l'aéroplane, le canon et les développements du tank. Ceci — et non des foules d'hommes — sont la première nécessité pour une offensive heureuse. Tout homme que nous tirons de la fabrication des munitions pour l'envoyer dans l'armée nous rapproche des conditions militaires de la Russie. Nous pouvons très facilement être induits en erreur par les « experts » militaires. Nous devons nous rappeler que « l'expert » militaire est un homme qui a appris

son métier avant 1914 et que le métier de la
guerre a subi une révolution absolue depuis 1914 ;
l'expert militaire est un homme auquel on a appris à considérer la guerre comme une affaire
essentiellement de cavalerie, d'infanterie en formation serrée et d'artillerie de campagne, alors
que la cavalerie est entièrement démodée, que l'infanterie ne se bat plus en formations serrées et
que les méthodes d'artillerie ont été entièrement
changées. Le militaire, je le remarque, parcourt
toujours le monde en éperons, il voyage en chemin de fer avec ses éperons, il marche à pied
avec ses éperons, il ne pense que par ses
éperons. Il lui reste encore à découvrir qu'il
est aussi ridicule pour un soldat de s'exhiber
avec ses éperons aujourd'hui, que s'il devait porter une arbalète. Je comprends que ses éperons
soient le seul signe extérieur et visible d'une tendance intime qui tend à tomber en désuétude.
L'expert militaire considère encore trop peu la
machine et demande trop aux hommes. Il fait des
appels déraisonnables d'hommes — et d'hommes
inutiles. Derrière notre front, à l'époque de ma
visite, il y avait, par exemple, plusieurs milliers
de cavaliers, de palefreniers, d'hommes employés
à transporter un fourrage volumineux pour les
chevaux, etc..., etc... Ces hommes servaient autant
dans cette guerre que s'ils avaient été à Tombouc-

tou. Tout homme enlevé au travail des munitions qu'on fait à X... pour être accordé aux militaires est une perte sèche pour la puissance militaire du pays. Tout homme nécessaire ou susceptible d'être nécessaire pour les opérations actuelles de la guerre moderne peut être obtenu en le prenant dans la cavalerie, les industries des brasseries et des distilleries, les théâtres et les music-halls et toutes les autres occupations improductives. Le retrait d'hommes des travaux de munitions, la diminution de leur efficacité par l'emploi du travail des femmes et des vieillards, c'est dans cette guerre la marche directe à l'échec.

A X..., dans les forges et les ateliers, j'ai déjà vu une trop grande proportion de jeunes garçons et de têtes grises.

La guerre est une chose qui change très rapidement et dans les tanks nous n'avons que le premier pas d'une grande série de développements. Ils sont forcés de s'améliorer très vivement. La méthode de les employer changera. Toute nouvelle invention nécessitera l'abandon des vieux modèles et la production de nouveaux en quantité. Il est d'une nécessité suprême pour les Alliés, s'ils doivent gagner cette guerre complètement, que la supériorité d'invention et d'entreprise que les Anglais ont sur les Allemands en cette affaire, soit maintenue. C'est notre jeu maintenant de tirer de notre avantage tout ce qu'il vaut. Il nous faut rester en tête pour gagner. Nous ne pouvons le faire que si nous avons un nombre illimité d'hommes et de matériel pour produire chaque nouveau développement à mesure que son emploi est décidé.

Ceci étant reconnu, le tank augmentera énormément l'avantage de la nouvelle méthode d'offensive sur le front français, la méthode qui consiste en un tir de démolition, d'après des photographies aériennes, suivi par une avance ; c'est une grosse addition à notre perspective de la victoire décisive. Que fait-il ? Il résout deux problèmes. Le tank existant permet d'avancer contre le feu des mitrailleuses et de détruire le fil de fer et les mitrailleuses, sans grands risques de pertes, aussitôt que la grosse artillerie a fait son devoir auprès de l'artillerie de l'ennemi. Et aussi, derrière le tank lui-même, il est inutile de le cacher, se trouve la possibilité d'amener des gros canons et des munitions à travers n'importe quelle sorte de terrain, aussi vite que l'avance se fait. Jusqu'ici toute avance a payé un lourd péage à la mitrailleuse et toute avance a dû s'arrêter après deux kilomètres environ, tandis que les gros canons (auxquels il fallait cinq ou six jours pour cela) gagnaient péniblement les nouvelles positions.

Il est impossible de ne pas concéder un caractère d'extrême urgence à tout ce qu'on a à dire au

sujet de ces développements. Les tanks enlèvent
les dernières difficultés techniques de notre route
vers la victoire décisive et une paix permanente ;
ils sont aussi une raison pour s'efforcer de toutes
nos forces à amener bientôt une décision et la paix.
Au risque de passer pour un alarmiste imaginatif,
j'aimerais à faire remarquer les raisons que ces
machines nous découvrent pour hâter cette guerre
vers une décision et faire notre possible pour arranger les affaires du monde, de telle sorte qu'une
autre guerre soit rendue improbable. Déjà ces
tanks sério-comiques, pesant quelque chose comme
vingt tonnes ou environ, ont rampé et roulé sur
des morts et des blessés. Ce n'est pas là un incident fait pour retenir les esprits sensibles, mais ce
n'est qu'un simple jeu d'enfants d'anticiper ce que
seront les gros cuirassés de terre *qui viendront sûrement s'il n'y a pas de pacification mondiale.*

Ce que les tanks rendent possible dépend de ce
seul fait : il n'y a pas de limites définissables de
la masse. Je veux là-dessus attirer toute l'attention
possible parce que tout gravite autour.

Si gros et si lourd que soit le cuirassé de terre
que vous pouvez faire, vous pourrez toujours faire
une roue-chenille assez forte et assez large pour le
faire avancer. Ces tanks sont tout à faits possibles
qui transporteront des canons de vingt ou vingt-
cinq pouces en plus d'un certain armement. De
tels tanks peuvent ne pas être désirables ; mais il

n'y a aucune impossibilité inhérente à de telles
choses. Il n'y a même pas les mêmes limites
qu'offrent les tirants d'eau et les accommodements
des docks qui sont des freins à la grandeur des
navires de guerre. Il s'ensuit donc, comme déduc-
tion nécessaire, que si les affaires du monde sont
laissées à la fin de la guerre de telle sorte que la
course des armements continue, le tank, qui en ce
moment pèse moins de vingt tonnes, se dévelop-
pera en un formidable instrument de guerre, conduit par des machines de plusieurs milliers de
chevaux-vapeur, s'avançant sur une étendue de
plusieurs centaines de mètres de large et pesant
plusieurs centaines de milliers de tonnes. Seul un
accord mondial de ne pas en construire peut empêcher le développement logique du cuirassé de
terre. Une telle construction creuserait des trous
de plusieurs décimètres de profondeur ; elle labou-
rerait, dévasterait et détruirait totalement le pays
sur lequel elle passerait.

Pour ma part je ne m'imaginais jamais que
l'idée du cuirassé de terre serait adoptée dans la
guerre. Je pensais que l'intelligence militaire
n'était rien moins qu'imaginative et qu'une telle
puissance agressive militaire comme l'Allemagne,
dominée par des militaires, ne produirait jamais
rien de la sorte. Je pensais que cette guerre serait
combattue sans tanks et que ce serait alors la fin

de la guerre. Car, naturellement, c'est une pure
stupidité qui fait douter les gens de la fin ultime
de la guerre. Cette idée, toute personnelle, s'est
trouvée justifiée en ceci, que ce n'est pas d'une
source militaire que sont venues ces machines.
Elles ont été imposées de l'extérieur aux soldats.
Mais maintenant qu'on les emploie, qu'elles sont
en guerre, il nous faut envisager toutes leurs possibilités, user de l'avantage qu'elles nous procu-
rent et précipiter la fin de la guerre. Soutenant
une artillerie que dirige un aéro-photographe, nos
tanks actuels eux-mêmes peuvent être employés
pour compléter une invincible offensive. Nous ne
percerons pas autant que nous enfoncerons. Il est
douteux que les Allemands puissent mettre
quelque chose de ce genre en action, avant six
mois, et, d'ici là, nous devrons employer des
tanks beaucoup plus formidables encore que ceux
que nous faisons en ce moment. Nous devrions
avoir transporté la guerre sur le sol allemand,
avant que les tanks aient développé plus de trois
ou quatre fois leurs dimensions actuelles. Alors
quelles que soient les dimensions énormes qu'ils
atteindront, cela aura moins d'importance. C'est le
paysage allemand qui en souffrira.

Après avoir vu les tanks actuels, il n'est pas
très difficile de fermer les yeux et de se figurer
l'espèce de tank qui pourra argumenter avec
l'Allemagne dans quelques mois au sujet de la ré-

novation de la Belgique, de la Serbie et de la France, la restauration du tonnage coulé, les pénalités des divers zeppelins et des crimes sous-marins, la liberté des mers, l'évacuation de toute la Pologne y compris Posen et Cracovie et les garanties pour la paix future en Europe. La machine sera peut-être aussi grosse qu'un cuirassé et plus lourdement armée et équipée. Elle rampera sur le sol à une vitesse de quinze ou vingt kilomètres à l'heure. Sur sa route il y aura des champs de blé, des bois, des vergers, des pâturages, des jardins, des villages et des villes. Elle avancera sur son ventre avec un mouvement de balançoire, dévorant le sol sous elle. Derrière elle des masses de terre et de pierres, du bois brisé, des morceaux de maisons, parfois des traînées rouges marqueront son passage et elle laissera un sillage six ou sept fois ausi large qu'une grand'route.

Tout sol, toute culture, tout ce qui ressemble à du terrain cultivé ou cultivable aura disparu. Ce ne sera même pas un sol, ce sera un sous-sol mis à nu. Au cours de ses combats, le monstre pourra avoir à se tourner, Il s'arrêtera et pivotera lentement, causant tout un cercle de dévastation dont le diamètre sera égal à sa longueur. S'il doit battre en retraite et avancer à nouveau, ces bandes et ces trous de destruction augmenteront et se multiplieront. Derrière la ligne de combat, ces monstres manœuvreront à droite et à gauche, défonçant le sol et lui enlevant toutes propriétés agricoles pour des siècles à venir. Le premier récit imaginable du cuirassé de terre qui fut écrit se terminait par ces mots : « Ils sont la *reductio ad absurdum* de la guerre. » Ils le sont et c'est aux mécaniciens, aux maîtres de forges et au talent inventif de la Grande-Bretagne et de la France que nous devons demander d'assurer que ce soit, en Allemagne, ce grand professeur de guerre, que cette démonstration de l'absurdité ultime de la guerre soit complétée.

Pendant quarante ans, la Frankestein Allemagne invoqua la guerre, changea tout développement de la science sociale et matérielle en des buts agressifs, puis, lorsqu'elle crut le moment venu, elle lâcha le nouveau monstre qu'elle avait fait de la guerre pour intimider l'esprit de l'humanité. Elle lui fit d'abord écraser la Belgique : ce fut sa mise en marche. Elle ne saurait donc se plaindre si, finalement, ce monstre revient chez elle, plus étrange et plus terrible encore qu'elle l'avait fait, écrasant les villes et les champs allemans, les arrosant de sang allemand, ses yeux-canons pointés sur Berlin.

Ce développement logique de l'idée du tank peut sembler une sombre perspective pour l'humanité. Mais on peut demander si le développement formidable de la guerre qui s'est fait ces deux dernières années n'autorise pas, en somme,

une perspective aussi sombre. Récemment, on a ri
et on a accueilli par le mépris, la phrase : « La
guerre qui tuera la guerre. » Il est encore possible
de soutenir que c'est peut-être là, la description
correcte de cette guerre. Il ne faut pas oublier que
la guerre, ainsi que l'aéroplane et le tank l'ont
faite, est déjà devenue un luxe impossible pour
un peuple barbare et non civilisé. La guerre,
comme celle qui a eu lieu sur la Somme, nécessite un industrialisme immense derrière elle. De
tous les Etats du monde, quatre seulement peuvent être considérés comme entièrement capables
de soutenir la guerre au degré où elle a été maintenant amenée sur le front occidental. Ce sont
l'Angleterre, la France, l'Allemagne et les Etats-
Unis d'Amérique. L'Italie, le Japon, la Russie et
l'Autriche sont certainement beaucoup moins à la
hauteur de l'effort. Ces huit puissances sont les
seules puissances au monde capables de *faire la
guerre dans les conditions modernes.* Six sont déjà
alliées. Il n'y a pas d'autres puissances ou peuples
dans le monde qui puissent partir en guerre maintenant, sans le consentement et la connivence de
ces grandes puissances. Si nous considérons leurs
alliances, nous pouvons compter que la question
repose maintenant entre deux groupes d'Alliés.
De sorte que, tout en reconnaissant d'un
côté que le dévelopement de la guerre moderne,

dont le tank est le symbole actuel, ouvre une perspective de destruction absurde et illimitée, d'un autre côté, elle ouvre la perspective d'un monde organisé et refréné. Ce développement du tank doit, par la suite, amener le besoin d'un arrangement permanent réel dans les limites de la plus obscure intelligence diplomatique. Une paix qui nous rendra la course aux armements est maintenant devenue une perspective moins désirable pour chacun de nous qu'une continuation de la guerre. Les choses étaient déjà assez regrettables avant, lorsque les forces de terre étaient encore dans la phase primitive de l'infanterie, la cavalerie et l'artillerie et que la seule course réelle au développement des monstres et des destructeurs était pour la maîtrise des mers. Mais la course pour la maîtrise des mers avant 1914 n'était que simple jeu d'enfants à côté de la création des monstruosités mécaniques qui suivra inévitablement tout arrangement de paix indéterminé. Je n'ai pas une foi aveugle dans la sagesse de l'humanité, mais je ne puis croire que les hommes soient aussi insensés et entêtés pour ne pas voir les présages très clairs de la situation présente.

Si bien qu'après tout, l'amusement joyeux que cause la vue d'un tank n'est peut-être pas si déraisonnable. Ces machines peuvent n'être rien de plus qu'une de ces lueurs pénétrantes de sagesse

qui, parfois, éclaire et dissipe les contentions d'un
homme en colère. Si elles ne sont pas cela, alors
elles sont la plus hideuse plaisanterie qui fit
jamais grimacer les hommes. Attendez et vous
verrez, si vous ne me croyez pas.

CE QUE LES GENS
PENSENT DE LA GUERRE

PENSE-T-ON RÉELLEMENT ?

Toutes les affaires humaines sont des affaires mentales ; les brillandes idées d'aujourd'hui sont les réalités de demain. L'histoire réelle de l'humanité c'est l'histoire de la façon dont naquirent les idées, comment elles prirent possession du cerveau de l'homme, comment elles ont lutté, changé, produit un rejeton, vieilli. Il n'y a rien d'autre dans cette guerre qu'un conflit d'idées, de traditions et d'habitudes mentales.

Le Vouloir allemand, revêtu de conceptions d'agression et fortifié par le mensonge cynique, lutte contre le bon sens fondamental du cerveau allemand et la protestation confuse de l'humanité. De sorte que la chose la plus importante de cette guerre, c'est le changement d'opinion qui a lieu. Comment comprend-on la guerre ? Produit-elle quelque grande et commune compréhension, quelque fructueuse unanimité ?

Sans doute, elle produit un travail cérébral énorme, mais est-ce autre chose qu'un chaotique et futile travail cérébral ? On nous dit toutes sortes de choses en réponse à cela, des choses qui bien souvent n'ont pas le moindre brin d'évidence ou de probabilité pour les justifier. On nous assure qu'elle fait revenir les gens à la religion, les rendant moraux et réfléchis. On nous assure aussi, avec la même confiance, qu'elles les mène au désespoir et au désastre moral.

Elle sera suivie par (1) une période de renaissance morale et (2) une période de débauche. Elle va rendre les ouvriers (1) plus et (2) moins obéissants et industrieux. Elle va (1) accoutumer les hommes à la guerre et (2) les remplir d'une résolution inébranlable de ne jamais souffrir la guerre à nouveau. Et ainsi de suite. Je me propose maintenant d'étudier ce qui se passe réellement à ce sujet. Comment change l'opinion humaine ? J'ai mes opinions personnelles et elles coloreront ma discussion. Le lecteur devra en tenir compte et, autant que possible, je lui rappellerai où il sera nécessaire qu'il m'accorde son indulgence.

D'abord une première question : une opération mentale continue et sérieuse est-elle en cours à propos de cette guerre ? Je veux dire : y a-t-il un nombre considérable de gens qui la voient dans l'ensemble, l'acceptent dans l'ensemble, essayant de s'en faire une idée générale dont ils peuvent tirer des conclusions directrices pour l'avenir ? Y a-t-il un nombre considérable de gens essayant de faire cela ?

En tout cas, permettez-moi de faire remarquer

tout d'abord qu'il y a une masse énorme de gens qui — en dépit de ce fait que leur cerveau est fixé sur les aspects de cette guerre et qu'actuellement ils ne parlent et ne s'occupent de rien d'autre que la guerre — néanmoins ne font rien, ni n'essayent de rien faire qui mérite d'être appelé penser. Il se peut même qu'ils soient atteints terriblement par la guerre. Mais ils ne saisissent pas plus ses causes, ses raisons, ses conditions et la possibilité de l'empêcher dans l'avenir qu'un singe qui ayant été sauvé dans un état douloureux de l'incendie d'une maison aura saisi le problème du feu. C'est une chose qui leur arrive, à eux et autour d'eux. Ça peut, malgré tout ce qu'ils ont lu à ce sujet, leur arriver à nouveau.

Une vaste majorité de gens est submergée par le côté spectaculaire de l'affaire. Ce fut en grande partie la crainte d'être ainsi submergé qui me rendit récalcitrant à l'idée d'aller au front comme spectateur. Je savais que mes risques d'être frappé par une balle étaient infinitésimaux, mais j'avais extrêmement peur d'être frappé par une impression trop vive. J'avais peur de voir des hommes horriblement blessés ou un cadavre en décomposition, qui s'imposeraient à ma mémoire et m'empliraient d'une telle horreur que cela me rabaisserait à ce pacifisme simple, inutile, baraguouineur, qui veut arrêter la guerre à tout prix. Il y a des années, mon cerveau fut une fois assombri terri-

blement durant des semaines par une sorte de
peur et de méfiance de la vie, à cause de la rencontre soudaine et inattendue, par une soirée tran-
quille, d'un cadavre de noyé. Mais dans ce voyage
en Italie et en France, bien que j'aie vu la mort et
beaucoup d'hommes blessés, je n'ai eu aucune
impression réellement horrible. Ce côté de l'affaire
a été, je crois, dit maintes et maintes fois. La chose
qui me hante le plus est l'impression d'un retour
général à une malpropreté extrême, d'un manque
universel de commodités, de maisons et de champs
détruits considérés avec mépris... mais ce n'est
pas là ce qui nous concerne en ce moment dans
cette discussion. Ce qui nous concerne pour l'instant est ce fait que la guerre produit des effets
spectaculaires si formidables et des incidents si
étranges, si remarquables, si frappants que l'esprit en oublie à la fois les causes et les conséquences et s'assoit simplement pour regarder.

Par exemple, voyez cette affaire de raids de zeppelins sur l'Angleterre. C'est une entreprise absolument stupide ; c'est la démonstration la plus concluante de l'infériorité intellectuelle de l'Allemand
comparé à l'Européen occidental qui ait jamais pu
avoir lieu. Il y avait contre ces sacs à gaz, le cas
à priori le plus clair. Je me rappelle les discussions d'il y a dix ou douze ans, dans lesquelles il
fut établi, à la satisfaction de tout homme raisonnable, que, plus tard, le « plus lourd que l'air »

(c'est ainsi qu'on appelait les aéroplanes) voleraient mieux que les ballons et, d'une façon encore plus concluante, qu'on ne pouvait concevoir de ballon qui puisse espérer combattre et vaincre des aéroplanes. Néanmoins, l'Allemand, avec cette confiance aveugle dans le simple « vouloir » persista dans son idée. Il savait instinctivement qu'il ne pouvait produire des aviateurs capables de rivaliser avec l'Européen occidental, tous ses instincts sociaux le poussèrent à s'agripper à l'idée d'un grand sac de vent au-dessus de lui. A un coût énorme, l'Allemagne a produit ces monstres futiles, qui viennent dans les ténèbres au-dessus de l'Angleterre jeter leurs bombes sur les maisons et dans les champs, indistinctement. Ils n'échappent plus aujourd'hui à leur destin qui fut démontré certain il y a dix ans. S'ils ne nous ont pas trouvé préparés à leur venue, c'est simplement que nous étions incapables de nous imaginer qu'on pouvait persister dans une entreprise aussi idiote et la soutenir. Nous ne croyions pas plus à la possibilité des raids de zeppelins que nous ne croyions que l'Allemagne imposerait la guerre au monde. C'était des choses trop stupides pour être crues. Mais elles sont venues trouver leur sort certain. Durant le mois qui suivit mon retour de France et d'Italie, pas moins de quatre de ces fatuités explosèrent dans un rayon de trente milles de ma maison d'Essex... Vous avez là en quelques

phrases la vérité au sujet de ces raids. Mais re-
marquez maintenant la perversion de pensée causée par l'effet spectaculaire.

Dans la campagne d'Essex, qui depuis plus
d'une année et demie a été la grand'route des zeppelins, je trouve pour eux une nouvelle et curieuse admiration, née de ces désastres mêmes.
D'abord on les considéra avec dédain et une sorte
de défiance, comme l'on pourrait regarder un voi-
sin sournois qui aurait laissé la trace de ses pas
dans votre jardin la nuit. Mais les zeppelins de
Billericay et de Potter's Bar sont des choses
héroïques. (Celui de Cuffley est tombé trop vite et
l'on méprise le quatrième dont l'équipage s'est
rendu.) J'ai entendu des gens décrire la fin des
deux premiers avec des yeux brillants d'enthousiasme.

« D'abord, disaient-ils, on voyait tout le
zeppelin, resplendissant. Oh ! c'était *magnifique !*
Ensuite il commença à culbuter et à descendre et
il flambait et des morceaux commençaient à s'en
détacher. Et puis il est tombé, laissant une traînée
de morceaux enflammés dans le ciel. On aurait dit
une colonne de feu de huit mille pieds de haut...
Tout le monde criait « Hourra ». Et puis quelqu'un montra le petit aéroplane éclairé par la
lueur — une si petite chose, là-haut, dans la nuit !
C'est la plus grande chose que j'aie jamais vue !
Oh, la plus merveilleuse ! la plus merveilleuse ! »

Ils ont le sentiment que les Allemands doivent, après tout, être réellement un peuple splendide pour fournir de si magnifiques feux d'artifice.

Certaines personnes à Londres, l'autre jour, se prétendaient choquées par un Américain qui se vantait qu'il avait assisté à « deux bombardements *épatants* (bully) », mais il ne disait que ce que tout le monde ressent plus ou moins. Nous sommes à un spectacle que — en tant que spectacle — nos petits-fils nous envieront.

Je comprends mieux maintenant l'histoire de l'homme qui contemplait les étincelles s'envolant dans la nuit de sa propre maison en flammes, et qui murmurait : « Admirable ! Admirable ! »

Le côté spectaculaire de la guerre est réellement pour la pensée, une distraction énorme. Et contre la pensée combat aussi l'indolence native du cerveau humain. Le cerveau humain, il semble, ne fut chargé, au début, que de s'occuper de l'individu, c'est à regret qu'il s'occupe des espèces. Il s'évite cette tâche autant que cela lui est possible. Et c'est ainsi que le second, le grand empêchement à une claire pensée, c'est la tranquillisante platitude.

Le cerveau humain est un instrument fragile qui se fatigue très facilement. Seules quelques exceptions continuent de penser sans repos — à l'extrême exaspération de leurs voisins. Le cerveau normal demande des décisions, même des décisions ineptes ou fausses plutôt que pas du tout. Il s'agrippe aux faussetés réconfortantes. Il aime qu'on lui dise : « Allons, ne vous tracassez pas. Ça ira très bien. C'est *arrangé*. » Cette guerre a été pour l'humanité comme un défi accablant. A certains d'entre nous, il semble que c'est le Sphinx qui soit revenu proposer l'alternative de ses énigmes ou de la mort. Cependant l'urgence même de cette obligation à penser, semble paralyser complètement l'intelligence critique d'un très grand nombre de gens. Ils diront : « Cette guerre va causer d'énormes changements en tout. » Puis ils se calmeront mentalement par l'idée qu'ils ont solutionné tout le problème d'une façon absolument sans danger. Ou ils adopteront un air de détachement critique ; ils diront : « Comment voulez-vous prédire ce qui peut arriver dans ce formidable océan de changement ? » Et avec un air de modestie supérieure, ils continueront de faire... ce qu'il leur plaît de faire. Beaucoup d'autres, d'un degré moins simple dans leurs méthodes, prendront une attitude absolument partiale, arriveront, par elles, à quelque décision de hasard et se comporteront comme si celle-ci répondait à toutes les questions que nous avons à envisager. Ou bien ils en tireront une sorte de précision avertissante qui sera conditionnelle à la bonne tenue des autres gens : « Tant que les Trade-Unions ne seront pas plus raisonnables », diront-ils. Ou « Tant

qu'on ne se sera pas emparé de la marine marchande afin de pouvoir la contrôler ». Ou « Tant
que l'Angleterre ne s'éveillera pas ». Et avec cela
ils se lavent les mains de toute autre responsabilité pour l'avenir.

Une forme délicieuse d'échappatoire c'est la
sage remarque : « Finissons d'abord la guerre et
alors nous pourrons nous occuper de ce qui doit
arriver après. » On aime à penser au magnifique
jour laissé « en blanc » après la signature de la
paix où ces sages esprits s'agiteront pour ramasser
leurs problèmes différés...

Je déclare qu'un homme n'a pas rempli son
devoir envers lui même, comme créature ration-
nelle, s'il ne s'est pas formé une idée de ce qui se
passe, comprenant cette guerre comme une opération compliquée ; s'il ne s'en est pas formé une
idée assez définie pour qu'il puisse en faire la
base d'une nouvelle idée qui sera le lien le ratta-
chant à cette opération. Il doit avoir quelque no-
tion de ce qu'il entend faire, s'il le peut, pour cette
opération. C'est-à-dire qu'il doit, non seulement,
avoir une idée de la façon dont l'opération se
poursuit, mais aussi de la façon dont il veut
qu'elle se poursuive. Il semble à un cerveau
humain si naturel et nécessaire de faire cela qu'il
est difficile de supposer que tout le monde ne s'y
soit pas plus ou moins essayé. Mais peu de gens,
en Grande-Bretagne en tout cas, ont l'habitude de

l'expression franche et lorsque les gens ne semblent pas avoir compris la moindre de ces choses,
on leur accorde un élément considérable de secré-
tivité et de manque d'expression, avant de décider
que, d'une façon ou d'une autre, ils ne l'ont pas
fait. Toutefois, après avoir tenu compte de tout, il
reste encore dans la philosophie de la guerre de la
plupart de ces gens une énorme somme d'idées
toutes faites et empruntées. Les systèmes d'opinions authentiques dans ce monde de la pensée au
sujet de la guerre sont comme de fines veines,
comparativement rares, de mentalité vivante, per-
dues dans un vaste monde de répétitions mortes.
Et, tel étant le cas, il est tout à fait possible que
l'histoire après la guerre comme l'histoire avant la
guerre, ne soit pas tant une exposition de volonté
et d'intention humaine qu'une chose résultante des
vacillations, des obstructions et des inadvertances
humaines. Nous serons encore dans un drame de
forces aveugles suivant le chemin de la moindre
résistance.

Quelqu'un dont on entend dire souvent qu'il
accomplit un énorme travail de pensée concentrée,
c'est « le soldat dans les tranchées ». On — des
messieurs écrivant pour la plupart, au coin de
leur feu — nous raconte les choses les plus extraordinaires qui se passent dans ces cerveaux dévoués ; comment ils arrivent à de nouvelles idées
sur les devoirs du travail, de la religion, de la mo-

ralité, de la monarchie et de toutes ces autres notions que le monsieur chez lui désire propager. Cela ne ressemble en rien à l'expression de la mentalité kaki que j'ai dû, à regret, accepter comme correcte. Pour la plupart l'homme en kaki est soumis à une série de devoirs ennuyeux et immédiats qui empêchent la pensée consécutive, il est en général plutôt bousculé et pas très à son aise. Il s'ennuie.

L'horreur réelle de la guerre moderne, quand tout a été dit et fait, c'est l'ennui. Etre tué ou blessé peut être désagréable, mais c'est en tout cas intéressant ; la tragédie réelle, c'est dans les champs désolés, les maisons désolées, les heures et les jours désolés, les cerveaux désolés et pleins d'ennui qui sont derrière la mêlée, à peine sortis de la mêlée. La bestialité particulière du crime allemand, c'est la façon dont l'hypocrisie de guerre allemande et ses conséquences ont saisi et paralysé le mouvement mental de l'Europe occidentale.

Avant 1914, la guerre était théoriquement impopulaire dans tous les pays européens, nous y pensions comme à quelque chose de tragique et d'effroyable. Maintenant tout le monde sait par expérience que c'est quelque chose d'extrêmement sale et détestable. Nous pensions que c'était le lion néméen, nous avons trouvé que c'est l'écurie d'Augias. Mais être ennuyé par la guerre ou haïr la

guerre, c'est tout à fait improductif *à moins que
vous ne réféchissiez à sa nature et à ses causes
d'une façon si complète que vous puissiez bientôt
être capable d'en prendre possession, de la refré-
ner et d'y mettre fin.* Il ne sert à rien que tout le
monde dise à l'unanimité : « Nous ne voulons plus
de guerre » tant que vous n'aurez pas réfléchi à la
façon de l'éviter et décidé d'arriver à ce but. C'est
comme si tout le monde disait : « Nous ne voulons
plus de catarrhe » ou « plus de mouches » ou
« plus de vent d'est ». Et où je veux en venir, c'est
que les immenses douleurs dans les foyers européens et le vaste ennui des combattants ne produisent pas en réalité la moindre action mentale
réparatrice effective et ne le feront pas tant que
nous ne nous serons pas mis à réfléchir et à penser plus sérieusement.

Dans les quelques conversations que j'ai pu
avoir avec les hommes du front, je ne trouvai, en
plus de ce grand ennui et des efforts à se distraire,
que quelques phrases très spécialisées sur les
changements dans l'avenir. Les hommes s'intéressaient vivement aux questions des promotions, de
l'avenir de la conscription, de l'avenir de l'officier
temporaire, de l'éducation des garçons en rapport
avec les besoins de l'armée. Mais la guerre elle-
même les emportait tous dans sa course, sans
qu'ils la questionnassent, sans qu'ils la retinssent
davantage que si c'était la planète sur laquelle ils
vivaient.

II

LE PACIFISTE ACCOMMODANT

ET LE « CONSCIENCIOUS OBJECTOR »

§ 1er

Parmi les questions de moindre importance qui font le sujet des conversations derrière les fronts occidentaux, se trouve la psychologie du Pacifiste accommodant et du « Consciencious Objector ». Naturellement, nous sommes tous pacifistes de nos jours ; je ne connais personne qui ne désire, pas seulement la fin de cette guerre, mais encore mettre fin complètement à la guerre, si ce n'est ces terroristes rouges de sang, le comte Reventlow, M. Leo Maxse — comment il peut avoir de telles idées en suivant un régime végétarien, je ne puis le comprendre ! — et nos énergumènes sauvages de *The Morning Post*. Mais la plupart des gens que je rencontre et la plupart de ceux que j'ai rencontrés dans mon voyage sont des pacifistes comme moi, qui désirent *faire* la paix en battant l'homme

armé jusqu'à ce qu'il cède et reconnaisse l'erreur
de sa doctrine, en le désarmant et en réorganisant
le monde de telle façon que sera imposée la suppression des aventures militaires dans l'avenir. Ils
veulent que la guerre soit mise dans la même catégorie de crimes que le cambriolage et réprimée
par la force. Le Pacifiste accommodant qui accep-
terait n'importe quelle paix et le « Consciencious
Objector » qui ne veut pas combattre, ne sont pas
de cet avis.

L'Italie et la France produisent des types semblables à ces deux derniers, mais il semble que
dans chaque cas l'Angleterre exhibe les plus beaux
développements. L'esprit latin est plus direct que
l'anglais et ses principes — dois-je le dire ? — plus
primitifs ; il comprend plus vite ce fait que ce
sont là des hommes qui ne veulent pas se battre.
Et c'est moins charitable. On me demanda un
grand nombre de fois quel était l'équivalent anglais d'un *embusqué*.

— Nous ne généralisons pas, dis-je, nous trai-
tons chaque cas d'après ses mérites !

Un interlocuteur, près d'Udine, se lamentait sur
le travail de notre Croix-Rouge Italienne.

— Il y a là, dit-il, soixante ou soixante-dix
jeunes Anglais tous bons pour le service militaire.
Naturellement, ils sont au feu, mais ce n'est pas
comme officiers subalternes dans les tranchées,
Aucun d'eux n'a été tué ou blessé,

Il réfléchit.

— L'un d'eux, je crois, continua-t-il, a été décoré...

Mon français et mon italien ne sont que pour des occasions très ordinaires ; lorsqu'il me fallait expliquer sympathiquement le « Consciencious Objector » l'un et l'autre me lâchaient sinistrement. Il me fallait construire de longues explications, hérissées de parenthèses, de nos antiques méthodes législatives pour montrer comment il se faisait que le « Consciencious Objector » avait été si mal défini. L'étranger ne comprend pas l'importance de la définition vague dans la vie anglaise. « En pratique, naturellement, nous offrîmes d'exempter toute personne qui par raison de conscience objectait à se battre ou à servir. Des Pacifistes et des Pro-Allemands commencèrent alors une campagne pour enrôler des objecteurs. Naturellement tous les couards du pays décidèrent d'être des objecteurs de conscience. Tout le monde, excepté un législateur anglais, aurait prévu cela. Nous établîmes ensuite des tribunaux pour discuter avec les « Objectors » leur *bona fide*. Les Pacifistes et les Pro-Allemands immédiatement publièrent des petites brochures et entreprirent des cours par correspondance pour enseigner aux gens exactement comment mentir devant les tribunaux. Des ennuis pour la liberté du pamphlétaire suivirent. » Il me fallut reconnaître que ce fut plutôt une affaire malpropre. « Les gens qui firent la loi savaient ce qu'ils voulaient, mais nous autres Anglais, nous ne sommes pas un peuple expressif. »

Ce sont là des choses qui ne sont pas faciles à dire dans un français élémentaire et légèrement déformé ou en un italien élémentaire et falsifié.

— Mais pourquoi y a-t-il des gens qui soutiennent les faux objecteurs et publient des brochures pour les aider, quand il y a tant de grandes œuvres à accomplir ?

— Cela, répondais-je, c'est la tradition whig.

Lorsqu'ils me pressaient davantage, je disais : « C'est moi réellement le questionneur. Je visite *votre* pays et c'est à vous de *me* renseigner. Il n'est pas juste que je tienne toute la conversation. Parlez-moi donc de Romain Rolland. »

Et je les questionnais aussi sur les socialistes officiels en Italie et la minorité socialiste en France jusqu'à ce que j'aie fait sortir la question du filet des comparaisons nationales, afin de l'envisager d'un point de vue plus large. En plusieurs conversations nous commençâmes d'établir en termes généraux la psychologie de ces gens qui sont contre la guerre. Mais en général, nous ne pouvions pas y arriver, mes interlocuteurs insistaient pour me dire ce qu'ils aimeraient faire ou ce qu'ils aimeraient voir faire aux pacifistes qui veulent arrêter la guerre et aux objecteurs de

conscience, exercices plaisants plutôt que fructueux d'où je ne pouvais rien tirer.

Mais la tendance générale des quelques conversations qui parurent pénétrer la question fut celle-
ci : parmi ces gens qui veulent arrêter la guerre,
il y a en réalité trois types différents. D'abord, il y
a la personne qui hait violenter et faire du mal
en n'importe quelle circonstance, qui a une foi
mystique dans le caractère juste (et généralement
dans l'efficacité) de la non-résistance. Ce sont généralement des chrétiens et leur texte fondamental
est : « Tendez l'autre joue. » Souvent ce sont des
Quakers. S'ils sont sincères, ils sont végétariens et
portent des bottes *Lederlos*. Ils ne demandent pas
la protection de la police pour leurs biens. Ils se
tiennent à l'écart de toute la force et de tous les
conflits de la vie. Ils ont toujours fait ainsi. C'est
là un type qui trouve peu de difficultés à se faire
exempter — à condition que l'individu n'ait pas
été trop récemment converti à ses présentes habitudes — mais ce n'est pas le type qui prévaut dans
les cercles qui veulent arrêter la guerre. Des
ascètes aussi sincères ne sont pas plus d'un millier
ou environ dans l'ensemble de nos trois pays
alliés. La masse des gens qui veulent arrêter la
guerre est faite d'éléments tout à fait différents.

§ 2

Dans la structure complexe de la communauté
moderne, il y a deux groupes dans lesquels l'impulsion de l'obligation sociale, le sentiment gré-
gaire d'un bien-être commun est à son point le plus
bas ; l'un est la classe de l'employé mécontent, la
classe des gens, qui sans explication, sans préparation ont été poussés à un âge très jeune dans un
travail qui ne leur convenait pas et dont ils n'ont
pas eu la chance de pouvoir s'échapper ; l'autre est
la classe des gens, avec de petits revenus ou de
petits salaires gagnés par un travail routinier, ou
de gens à demi indépendants pratiquant quelque
petit travail artistique ou littéraire, qui ont mené
une vie banale, uniforme depuis leur jeunesse
jusqu'à ce jour et qui jamais ne sont arrivés à se
trouver, à quelque moment, en relations de service avec l'Etat. Cette dernière classe était plus
difficile à définir que la première — parce qu'elle
est plus variée en elle-même. Mes amis français
voulaient parler de la « Psychologie du Rentier » ;
moi, je m'en tenais à des phrases aussi intradui-
sibles que le « Genteel Whig » ou le « Donnish
Liberal ». Mais je mis en colère un Italien — c'est
un industriel de Milan — en lui parlant de ces

Anglais de Florence qui voudraient mettre l'Italie sous verre.

— Je sais, dit-il...

Avant que je continue de développer ce thème agréable, permettez-moi de m'occuper d'abord de l'employé mécontent, qui est une figure beaucoup plus considérable et, pour moi, beaucoup plus sympathique dans les affaires européennes. J'ai moi-même débuté dans la vie comme employé mécontent. Par la plus extrême chance, j'ai pu délivrer mon cerveau et mon esprit des contorsions de ce début cramponnant, mais je me rappelle encore la colère de ces anciens jours.

Il devient un employé entre treize et quinze ans ; il est fait pour accomplir un travail qu'il n'aime pas, sans autre but, selon lui, que le profit et la gloire d'une personne fortunée appelée le patron, derrière lequel se tiennent l'Eglise et l'Etat, la première bénissant, le second soutenant ses rapports avec ce patron. Il ne lui est pas permis de se figurer qu'il a une part, si minime soit-elle, dans les affaires de son patron ou qu'il sert un autre but que le profit de son patron. Il ne voit pas son patron rendre le moindre service à l'Etat. Ni l'Eglise, ni l'Etat ne semblent insister pour que le patron occupe une fonction publique. A aucun moment l'employé ne se trouve en de clairs rapports d'obligation mutuelle avec l'Etat. Il ne semble pas à l'employé qu'il puisse sortir d'une vie de travail et de subordination. Il se sent privé de la vie. Pour lui, pas d'honneurs. Si c'est une personne aimable et généreuse, elle blâme sa déveine, fait son travail et mène sa vie aussi joyeusement que possible — et c'est ainsi que vit la majorité de nos surprenants travailleurs européens ; si c'est un être d'une grande magnanimité, il se contente de servir pour le bien futur de la race ; s'il a de l'imagination, il dit « ce ne sera pas toujours comme ça », il devient alors socialiste et essaie d'inculquer au patron le sentiment du devoir réciproque, mais s'il est trop humain pour toutes ces choses, alors il se met à mépriser et haïr le patron et le système qui l'a créé. Il voudrait le blesser. Cette haine est facile à travailler.

Une certaine section de ce qu'on appelle la presse socialiste et la littérature socialiste en Europe est sans aucun doute bien intentionnée, elle veut faire sortir un meilleur monde du monde présent. Mais une grande partie n'est socialiste que de nom. Son esprit est anarchiste. Son refrain réel n'est pas reconstruire mais se lamenter ; elle chante le triste conte de l'employé, elle encourage et organise sa malice, elle complote des ennuis et du mal pour le patron haï. L'état et l'ordre du monde est confondu avec le capitalisme. Avant la guerre, la presse populaire soi-disant socialiste ne prêchait que la rébellion, toute sorte de rébellion : « Je suis un rebelle », se vantait bêtement le jeune disciple. « Abîmez quelque chose, mettez le feu à quelque chose », c'était là le texte considéré comme convenable pour les jeunes filles ou les jeunes gens d'un certain esprit. Et ce mécontentement aveugle a continué pendant la guerre. Tandis que d'un côté une grande foule d'hommes se répandaient dans l'armée en disant : « Dieu merci, nous pouvons enfin servir notre pays au lieu d'un imbécile de profiteur », un vieux restant, revêche et aveugle aux grands buts de la guerre, se cramponna à la proposition insensée : « l'Etat n'est que pour le capitaliste. Cette guerre est organisée par des capitalistes. Quoi qu'on doive faire — nous sommes des rebelles. »

Vous pouvez lire tous les numéros d'un journal typique comme le *Labour Leader*, par exemple, sans y trouver une seule proposition constructive sensée et sincère. C'est un cri prolongé d'individualisme, une répétition monotone d'un mécontentement incohérent contre l'autorité, la direction, l'union, l'effort européen. Il ne veut rien faire, il veut tout simplement que l'effort cesse, même au prix de la victoire allemande. Si tout l'ensemble de l'Europe occidentale était donné demain à ces pseudo-socialistes pour qu'ils l'administrent au mieux des intérêts communs, ils s'enfuiraient terrorisés devant la tâche. Ils s'excuseraient et refuseraient. Ils ne veulent pas que le monde aille bien. L'idée même que cela pourrait aller bien n'existe pas dans leur cerveau. Ils sont le mécontentement et la haine incarnés, ils causent du trouble et c'est tout ce qu'ils sont et ce qu'ils font. Ils veulent être des « rebelles » pour être admirés comme « rebelles ».

C'est là la vraie psychologie de l'employé mécontent. C'est un homme désocialisé. Son sentiment de l'Etat a été détruit.

Les employés mécontents sont le résultat de nos injustices sociales. Ils sont l'échec de nos systèmes sociaux et éducationnels. Nous pouvons regretter leur pitoyable dégradation, nous pouvons ne pas les blâmer ; ils n'en sont pas moins une équipe pitoyable. J'ai vu la misère des tranchées, les gais et braves blessés. Je comprends un peu ce que nos soldats, officiers et hommes sans distinction, ont fait et enduré. Et bien que je sache que je devrais tenir compte de tout ce que j'ai dit, je ne puis considérer ces objecteurs de conscience qu'avec mépris. Chez moi, c'est une averse de littérature lugubre relatant les misères de ces hommes qui se sont donnés comme martyrs de la Liberté. W... brave héros, a été presque insulté — presque insulté par un caporal ; un homme grossier et méchant est venu dans la cellule d'X... et a employé un langage vulgaire ; Y... refusant de se déshabiller et de se laver a été déshabillé et lavé et du savon fut glissé dans ses yeux, peut-être exprès ; la nourriture et les commodités ne sont pas de premier choix ; les docteurs de service semblent irascibles ; Z... a été mis dans un lit humide.et a attrapé un mauvais rhume ; je me rappelle alors une joyeuse charrette de blessés que je vis là-bas...

Mais après tout, il faut être juste ; une Eglise et un Etat qui permettent que ces gens soient jetés dans. un travail ennuyeux dès leur prime jeunesse, sans espoir ou orgueil, méritent de tels citoyens. Le merveilleux c'est qu'il y en ait si peu. Il y en a un malheureux mille ou environ en Grande-Bretagne, de ces créatures désespérées, empoisonnées par le mécontentement, contre cinq millions de consentantes. Les pays alliés, à mon avis, n'ont pas tous les objecteurs de conscience qu'ils méritent.

§ 3

Si l'employé mécontent fournit l'impulsion·de l'émotion du pacifiste résistant, dont l'horizon est borné par ce seul désir passionné : que le système social particulier qui l'a si mal traité s'écroule et disparaisse, que ses chefs et ses gouvernants soient humiliés et détruits, la direction intellectuelle d'un pacifisme funeste vient d'une classe entièrement différente.

Le « Genteel Whig » quoiqu'il diffère très lar-

gement sous presque tous les autres rapports de
l'employé mécontent, a ceci de commun avec lui
qu'il n'a jamais été attiré dans le tourbillon de la
vie collective d'une façon réelle et assimilative.
C'est là le cas pour tous les deux. C'est un petit
être libre, timide, indépendant. A part manger et
boire — en modération, — il n'a jamais rien fait
de réel depuis le jour qu'il est né. Dans beaucoup
de cas même, il n'a pas osé affronter le commun
challenge du mariage. Plus souvent encore, il est
sans enfants ou le père audacieux d'un seul enfant.
Il n'a jamais fait de commerce ni d'industrie. Il a
touché ses dividendes ou son salaire sans avoir le
moins du monde conscience de quelques obligations envers la police ou la marine pour ces paie-
ments ponctuels. Il ne s'est même jamais aventuré
probablement à placer son petit héritage. Il
sait très bien qu'il possède une intelligence excep-
tionnellement belle, mais il ne s'aperçoit pas d'un
irréalisme fondamental. Il ne lui est jamais arrivé
de se demander pourquoi la majorité des hommes
ne possédait pas sa fortune ou n'en montrait pas
de ressentiment. Les impulsions qui poussaient
ses amis d'école vers toutes sortes d'exploits et
d'aventures étranges lui paraissaient inutiles. En
grandissant il se détourna avec une égale méfiance
de la passion et de l'ambition. Ses amis poursui-
virent l'amour, l'aventure, le pouvoir, la science,
tel ou tel autre désir et devinrent des hommes.

Mais lui, il remarqua seulement qu'ils engrais-
saient, que l'effort les épuisait, qu'ils étaient parfois colères, violents ou énervés. Il ne pouvait
s'empêcher de trouver leurs expériences vulgaires
et il cherchait un exercice plus noble par son
exceptionnelle valeur. Il poussa l'art, la philosophie ou la littérature jusqu'à leur niveau le plus
ésotérique et il comprit de plus en plus la vulga-
rité et la grossièreté du monde autour de lui et
combien il en était détaché, le manque de sincé-
rité de la presse, les artifices du succès, l'insolence
du riche, la lâcheté du pauvre dans son pays. Le
monde d'outre-mer avait, par comparaison, un
certain éclat. Excepté si vous lui parliez des Etats-
Unis, l'air sifflait entre ses dents et vous enten-
diez : « Je vous en prie... »

Personne ne l'a pris par le col et secoué énergi-
quement.

Si notre monde avait pris en considération le
conseil de William James et insisté pour l'établissement du service national pour tout le monde,
service national dans les égouts, les mines nationalisées, les pêcheries maritimes nationalisées, si
ce n'était pas dans l'armée ou la marine, nous
n'aurions pas de tels hommes. S'il avait insisté
pour que la fortune et la propriété ne soient plus
qu'un trust pour le bénéfice public, nous n'aurions pas eu de « gentils » indispensables. Ces dis-
cordes dans notre unanimité nationale sont la con-

séquence directe de notre mauvaise organisation sociale. Nous permettons le profiteur et l'usurier, la réplique, c'est l'employé récalcitrant et l'héritier de leur fortune devient le « Genteel Whig ».

Mais ce n'est là qu'une parenthèse. Il était naturellement inévitable que l'attaque de l'Allemagne contre la Belgique et la civilisation en général n'apparaisse pas à ces cerveaux reclus comme une hideuse méchanceté qu'on doit arrêter et vaincre à tout prix, mais simplement comme une expérience énervante. Les canons tiraient des deux côtés. Le Genteel Whig ne s'apercevait principalement que d'une excitation répulsive tout autour de lui, dans laquelle de nombreuses personnes faisaient des choses irrationnelles et sans élégance. Ils agitaient des drapeaux, de méchants petits drapeaux. Cet enfant des siècles, ce dernier fruit de l'arbre gigantesque et tragique, ne put que se boucher les oreilles et dire : « Oh ! cessez *tous*, je vous en conjure ! » et comme l'épreuve devenait de plus en plus intense, il se mit avec de faibles trépignements, un jour, à grimper « au-dessus de la mêlée » et le lendemain à vouloir arrêter le conflit par le moyen le plus faible. « Au-dessus de la mêlée », répondit l'homme lorsqu'on lui demanda où il était pendant que le taureau perçait sa sœur de coups de corne. Ses efforts pour arrêter le conflit à tout prix, même au prix d'une entière soumission au Vouloir allemand, devinrent plus urgents à mesure que la nécessité pour tout le monde d'aider à combattre la chose allemande devint plus manifeste.

De toutes les fables étranges, fruits d'une pensée alarmée que cette guerre a produites, les fables du Genteel Whig sont parmi les plus remarquables. Avec un air de profonde sagesse il revient perpétuellement à sa proposition qu'il y a des fautes des deux côtés. Dire cela, c'est sa conception de l'impartialité. Je suppose que si un taureau perçait sa sœur de coups de corne il dirait qu'il y eut des fautes des deux côtés — sa sœur n'aurait pas dû s'aventurer dans le champ, elle portait un chapeau rouge d'un type trop provocant ; elle aurait dû être une vache et alors tout aurait été différent. En face des quarante dernières années, le Genteel Whig lutte avec persistance pour réduire au minimum l'outrage allemand envers la civilisation et pour trouver des excuses à l'Allemagne. Il fait cela, non pas qu'il ait une passion pour le mensonge, mais parce que, par entraînement, circonstances et caractère, il est passionnément opposé à l'action avec la majorité vulgaire et à tout sacrifice pour une cause commune ; parce qu'il trouve aussi dans la justification de l'Allemagne et, ne pouvant y arriver, dans le rabaissement des Alliés à un niveau égal, une ligne de défense contre la vague d'impulsion qui menace de submerger sa personne privée. Mais lorsqu'enfin cette ligne est

enfoncée, il est repoussé sur d'autres aussi extraordinaires. Vous pouvez souvent trouver simultanément dans le même journal pacifiste et parfois
dans les propos du même écrivain, deux affirmations entièrement incompatibles. La première est
que l'Allemagne est tellement invincible qu'il est
inutile de prolonger la guerre puisqu'aucun effort
des Alliés n'est susceptible de produire une amé-
lioration matérielle dans leur position et la seconde, que l'Allemagne est si complètement battue
qu'elle est maintenant prête à abandonner le militarisme et à offrir des conditions et des compensa-
tions vraiment acceptables aux pays qu'elle a
forcés à la guerre. Et lorsque finalement, les faits
sont publiés afin d'établir cette vérité que l'Allemagne, bien que toujours cruelle et impénitente,
est maintenant et d'une façon conclusive battue
par le bon sens, le courage et la persistance des
hommes des peuples alliés, le Genteel Whig réplique alors par sa dernière absurdité défensive.
Il invente une psychologie nationale pour l'Allemagne. L'Allemagne nous a toujours aimé et veut
être notre plus chère amie. Les Allemands sont un
peuple aimable, non envieux. Ils ont été un peu
trompés — mais les personnes gentilles n'insistent
pas sur ce fait. Mais attention à l'Allemagne battue, attention à l'Allemagne humiliée, car, alors,
des ennuis naîtront. L'Allemagne commence à ne
plus nous aimer. Elle préparera une revanche.

Oubliant son innocente carrière précédente, elle peut même songer à nous haïr. Quelles sont nos obligations envers la France, l'Italie, la Serbie et la Russie, que sont quelques millions de Herero, quelques millions de Belges, — dont le nombre, de plus, diminue constamment, — comparés au danger, le danger le plus terrible, d'encourir une *hostilité allemande permanente ?...*

Un Français à qui je parlais en savait plus long.

— Qu'arriverait-il à l'Allemagne, lui demandais-je, si nous pouvions lui faire ceci et ceci ; se mettrait-elle à rêver d'une revanche ?

— Elle s'abandonnerait à l'Anglomanie, répondit-il — et il ajouta après un éclair de réflexion : finalement, ce n'en serait que pire pour vous.

III

LA RENAISSANCE RELIGIEUSE

§ 1er

La guerre a produit une très grande quantité de
pensée et de sentiment religieux, c'est là un fait,
autant du moins que l'Angleterre et la France
sont concernées — et j'ai des raisons de croire
que, sur une moindre échelle, les choses sont simi-
laires en Italie. Quant à la Russie, on a peu de
nouvelles sur ce sujet, mais on peut supposer une
certaine similitude. Les gens habituellement religieux se sont sentis devenir plus réels et plus sincères et des gens songèrent à la religion, qui n'y
avaient jamais songé auparavant. Mais ainsi que
je l'ai déjà fait remarquer, il ne sert à rien de songer ou de penser à propos d'un sujet quelconque,
s'il ne doit rien en *sortir* et si un changement ne
se produit pas, et c'est une question entièrement
différente de demander si un changement définitif
résultera de ce ferment universel. S'il n'en résulte
pas, c'est qu'alors le dormeur rêve un rêve qu'il
oubliera une fois encore...

Dans aucune autre sorte d'activité mentale, générale et populaire, on ne trouve autant d'écume

et de gaspillage que dans les mouvements religieux. Ç'a été le cas de toutes les périodes de renaissance religieuse. Le nombre de gens qui sont
facilement impressionnés, qui pour quelques
jours ou quelques semaines se mettent à lire la
Bible ou à aller à l'Eglise, à prier, à jeûner, à être
aimables et désintéressés, est toujours énorme, en
rapport avec le nombre de ceux dant la vie est
changée d'une façon permanente. L'effort nécessité, au cas où quelqu'un voudrait souffler sur
l'écume, est toujours considérable.

Parmi l'écume sur laquelle je voudrais souffler
se trouverait je crois la plupart des efforts formidables que fait en Angleterre l'église anglicane
pour s'attirer une attention favorable à propos de
la guerre. Au retour de ma visite aux champs de
bataille de la Somme, je trouvai la paix sylvestre
d'Essex envahie par une quantité de dames, dont le
vêtement bleu s'adornait d'une grande croix
blanche qui, sans se préoccuper du manque actuel
de bonnes, visitaient toutes les maisons de la con-
trée exécutant certaine mission d'invitation dont
les détails restaient obscurs. Avant que je pus élu-
cider ce projet, il ressemblait quelque peu à une
incantation magique ; des prières convergentes et
l'assiduité religieuse amèneraient une fin satisfaisante de la guerre. La mission n'osa pas traiter
avec moi personnellement, alors que comme bre-
bis égarée je me serais cru un terrain particulière-

ment engageant pour un effort anglican, et elle
vint demander simplement à ma femme et à moi
notre permission de faire un appel à notre personnel domestique. Ma femme consulta le personnel et comme je respecte suffisamment le Christianisme pour détester l'identification de ses services
avec des procédés magiques, la mission se retira —
civilement repoussée. Mais l'incident éveilla en
mon esprit une curiosité inquiète au sujet du
mode général d'enseignement anglican et d'activité anglicane à l'époque actuelle. Le cours de
mon enquête me fit découvrir l'Eglise beaucoup
plus incohérente et beaucoup moins religieuse —
au sens décent du mot — que je ne l'avais sup-
posée être.

L'organisation est la vie des efforts matériels et
la mort des efforts mentaux et spirituels. Il ne
peut y avoir d'exemple plus mélancolique de cela
que le spectacle des églises anglicanes et catho-
liques à l'époque actuelle ; l'une se servant de la
tragique détresse de la guerre principalement
pour courir après les gros sous et l'autre paralysée
par ses attaches politiques autrichiennes et sud-
allemandes et empêchée de se prononcer clairement sur les buts moraux de la guerre. Pendant
les premières phases de la guerre, l'Eglise
établie d'Angleterre se tint à l'écart ; ce n'est plus
le cas, mais on peut douter que le changement soit
entièrement à son avantage. Pour moi, c'est un

très grand désappointement. J'ai toujours eu une
très haute opinion de la valeur intellectuelle des
chefs divins des deux communions anglicane et
catholique. La prétendue Intelligenzia de la
Grande-Bretagne n'est que trop portée à se moquer
de leur costume ; mais je ne vois pas comment
une personne impartiale pourrait nier que le P.
Bernard Vaughan est en énergie mentale, en
vigueur d'expression, en richesse de pensée et en
variété d'information l'égal d'un publiciste laïque
aussi influent que M. Horatio Bottomley. On pourrait chercher longtemps parmi les laïques les plus
prééminents pour trouver l'égal de l'Evêque de
Londres. Néanmoins, il m'est impossible de cacher
l'impression d'étalage que l'œuvre de ce dernier,.
comme chef de la Mission nationale, a laissée en
mon esprit. Habillé de kaki il a récemment prêché
en plein air, au peuple de Londres à Tower Hill,
Piccadilly et autres places en vue. Obsédé comme
je le suis par les humanités et impressionné
comme je l'ai toujours été par l'infériorité des
faits matériels comparés aux faits moraux, j'aurais volontiers échangé la vue de deux zeppelins
en flammes contre ce spectacle de ferveur ecclé-
siastique. Mais je suis obligé de me fier aux
comptes rendus des journaux et aux descriptions
d'auditeurs et de témoins. Ils laissent peu de doute
sur la regrettable légèreté et superficialité des propos de l'Evêque.

Mais nous avons une multitude de gens frappés
par la douleur, ennoblis par un commun effort,
ayant besoin d'un encouragement à cet effort, rendus perplexes par la réalité du mal et de la
cruauté, questionnant et cherchant Dieu. Qu'offre
la Mission nationale ? A Tower Hill, l'Evêque
semble s'être principalement occupé à démontrer
soigneusement que dix mille livres par an
n'étaient pas un trop gros salaire pour un homme
soumis aux demandes et aux dépenses que son
Siège implique. Loin de tirer bénéfice de son épis-
copat, il avait, déclara-t-il, deux mille livres de
déficit tous les ans. Un jour, lorsque l'Eglise aura
étudié l'organisation, je suppose que les Evêques
auront le loisir d'apprendre quelque chose de
l'état général de l'opinion et de l'éducation dans
leur diocèse. L'Evêque de Londres évidemment ne
prévoyait pas la réponse presque automatique des
socialistes aux aguets parmi ses auditeurs. Leur
première demande fut de savoir comment il trouvait ces deux mille livres mytérieuses par lesquelles il supplémentait sa stipende. Comment
gagnait-il ça ? Et s'il ne les gagnait pas... ! Et,
deuxièmement, ils lui firent remarquer que son
train de maison et de vie était probablement un
peu plus élevé que le leur. Ce n'est réellement pas
une preuve de pureté que la détresse d'un homme
qui excède son revenu. Et finalement, d'autres
parmi ses auditeurs se retirèrent désappointés par

son silence sur cette proposition courante de réunir tous les salaires cléricaux pour les besoins communs de l'Eglise. C'est une proposition raisonnable et si les Evêques veulent discuter sur leurs salaires au lieu de prêcher le Royaume de Dieu, il leur faudra bien en tenir compte. Plus tôt ils le feront, plus noble sera l'acte. De cette défense personnelle, l'Evêque passa à l'exemption du clergé du service militaire, à la requête des Evêques. C'est un de nos contrastes avec ce qui se passe en France — et c'est tout au désavantage des Eglises anglaises.

Dans sa contribution de Piccadilly à la mission nationale de Repentir et d'Espoir, l'Evêque ne parla pas politique, mais femmes. Il offrit à son auditoire cette sorte de propos que l'on tient si librement sur la « Traite des Blanches », dénonçant les « Faucons de la nuit » — quels que puissent être les « Faucons de la nuit » — et autres choses de ce genre. En cette occasion et en une autre, l'Evêque — il se vante qu'il est un saint célibataire — déploya son éloquence sur la baisse de la natalité et le devoir de tous les gens mariés, du pauvre comme du riche, d'avoir des enfants continuellement. Or la question femmes, comme la question nourriture est une question de conduite et une très importante question, mais *ce n'est pas de la religion !* Le monde est navré par un désordre international, par la monstrueuse tragédie

de la guerre ; ces petites conversations épicées sur
l'indulgence et la bonne tenue ont presque autant
à faire avec les vastes problèmes qui nous concer-
nent que, si j'ose dire, une conférence sur la méchanceté de manger du pain très frais et indi-
geste. C'est obscurcir le problème essentiel, qui est
l'oublié et négligé royaume de Dieu. Le péché qui
émeut l'âme des hommes, c'est le péché de cette
guerre. C'est le péché de l'égotisme national et la
dévotion des hommes aux loyautés, ambitions,
sectes, églises, haines, oppressions et divisions qui
sont un outrage au royaume universel de Dieu.

§ 2

Le petit clergé de France, partageant les obligations militaires, la nourriture et les privations
de ses paroissiens, contraste vivement avec les
ministres des différentes églises britanniques res-
tés chez eux. J'en ai rencontré plusieurs, je leur ai
parlé. Près de Frise, il y avait des chaloupes ca-
nonnières — elles ont depuis pris leur place dans
les combats, mais à ce moment, elles étaient plutôt une surprise — et les hommes étaient désireux
qu'on visitât leur équipage. Le prêtre qui vint
trouver notre petite troupe pour voir s'il y avait
moyen d'arranger cela, avait été décoré pour sa
bravoure. Naturellement les Anglais ont aussi

leurs braves chapelains, mais ce sont des hommes
de la caste des officiers, ce sont de jeunes officiers
au col brodé et non des hommes parmi les
hommes comme sont les prêtres français.

Il ne peut y avoir de doute que la conduite du
prêtre français dans cette guerre a énormément
diminué l'anticléricalisme en France. Il ne peut y
avoir de doute que la France est un pays beaucoup plus religieux qu'elle n'était avant la guerre.
Mais si vous me demandez si cela signifie un retour vers l'Eglise, un rétablissement de l'Eglise,
ma réponse sera douteuse. La religion et le simple
prêtre sont plus forts en France aujourd'hui ;
l'Eglise, je crois, est plus faible.

Je n'empiète pas sur le terrain théologique
lorsque j'enregistre l'impression défavorable pro-
duite sur toute l'Europe occidentale par le man-
quement du Saint-Père à se prononcer définitivement sur les droits et les injustices de la guerre.
L'Eglise a abrogé son droit de jugement moral.
Telle, m'a semblé du moins, l'opinion des Français avec lesquels je discutai sur une interview
remarquable du cardinal Gasparri que je trouvai
un matin dans le *Journal*.

Ce n'était pas une interview de ce genre qui pouvait gagner le cœur des hommes — ces hommes
surtout qui étaient prêts à donner leur vie pour
venger ce qu'ils croyaient être le plus grand
outrage qui ait jamais été infligé à la chrétienté,

c'est-à-dire quatrante-trois années de préparation
militaire et de diplomatie par la menace qui cul-
minèrent dans l'ultimatum à la Serbie, l'invasion
de la Belgique et l'assassinat des villageois de
Visé. Elle était ornée d'un grand portrait de
Benoit XV, regardant d'un air grave et découra-
geant par-dessus ses lunettes et le titre insistait
sur ce point que c'était « La Pensée du Pape ».

Les sous-titres indiquaient suffisamment le ton
général, on lisait : « Le Saint-Père impartial... »
« Au-dessus de la bataille. »

Le bon cardinal aurait fait un bon avocat. Il
parla aussi peu de Dieu et du caractère juste des
choses que l'Evêque de Londres. Mais il se lança
dans des considérations précieuses sur les relations diplomatiques rompues avec le Vatican.
Peut-être maintenant la France sera-t-elle plus
sage ? Il fit remarquer que le Saint-Siège dans
son allocution consistoriale du 22 janvier 1915,
invita les belligérants à observer les lois de la
guerre. Pouvait-il faire plus que cela ? Oh ! si
vous voulez un jugement sur la guerre dans son
ensemble, comment serait-il possible au Vatican de
décider ? Les Français connaissent sûrement cet
excellent principe de justice *Audiatur et altera
pars* ; comment dans les circonstances existantes
le Vatican pouvait-il faire cela ?... Les communications du Vatican avec l'Autriche et l'Allemagne
sont coupées. Le Vatican est dépossédé de son

pouvoir temporel et de son indépendance locale
(un autre point très clair)...

Ainsi est éconduite la France. Lorsque la Paix
sera restaurée, le Vatican pourra peut-être enquê-
ter s'il y avait une grande armée allemande en
1914, si la diplomatie allemande fut agressive
depuis 1875, si la Belgique fut envahie injustement, si la (catholique) Autriche força le pas à la
(non catholique) Russie. Mais pour l'instant...
pour l'instant, le Saint-Siège doit rester aussi impartial que la mascotte en vente dans la vitrine
d'un marchand...

La colonne voisine du *Journal* contenait un récit
des massacres arméniens, le sang des Arméniens
implore le Saint-Père ; mais les Arméniens ne
sont après tout que des hérétiques, et là encore le
principe d'*Audiatur et altera pars* entre en scène.
Les communications ne sont pas permises avec les
Turcs. De plus les Arméniens comme les Serbes
sont pires que des infidèles, ce sont des hérétiques.
Peut-être Dieu les punit-il...

Audiatur et altera pars et le Vatican n'a pas
oublié l'infidélité et l'irrespect tant de la France
que de l'Italie dans le passé. Ce sont là des choses,
semble-t-il, qui importent réellement au Vatican.
Le portrait du cardinal Gasparri, dans ce même
numéro du journal reflète une attitude de sereine
satisfaction, une sorte de « Je-vous-l'avais-dit » incarné.

Ainsi le Vatican soulève ses jupes pontificales et secoue de dessus ses souliers la poussière de l'Europe occidentale.

C'est la plus étonnante renonciation dans l'histoire.

Indubitablement l'Eglise chrétienne s'écarta largement du royaume de Dieu, lorsqu'à Nicée, au milieu de ses délibérations les plus sacrées, elle plaça sur son trône d'or Constantin le non baptisé. Mais il me semble que cet abandon par le Saint-Siège de tout jugement moral dans le cas présent est un écart presque plus grand de la fidélité de l'Eglise envers Dieu.

§ 3

Ce que la multitude muette et faible demande, ce sont des réflexions sur les grandes questions de la vie, des réflexions et des indications raisonnées, et c'est précisément ce que les Eglises organisées ne lui donnent pas. Elles n'ont pas le courage de leurs doctrines. Ou leurs doctrines sont des niaiseries spirituelles, ou elles sont la solution des énigmes avec lesquelles le monde est en lutte. Mais les églises ne parlent pas de leurs doctrines. Elles babillent sur les femmes et les effets magiques de l'assistance à l'église et de la foi simple. Si la foi simple suffit, les églises et leurs différences entre elles sont une imposture. Les hommes voudraient entendre parler de la vie et de Dieu, et on leur parle ainsi que je l'ai rapporté.

Il est nécessaire de lutter contre l'impression défavorable que produisent ces choses. Elles ne doivent pas nous aveugler au mouvement plus profond qui se fait dans un nombre considérable de cerveaux en Angleterre et en France vers la réalisation du royaume de Dieu.

Ce que je conçois être la réalité de la renaissance religieuse se rencontre chez des gens très éloignés des professionnels religieux. Permettez-moi de vous citer un seul exemple entre tous ceux que j'ai remarqués. Peu après mon retour en France, je rencontrai un homme qui avait éveillé ma curiosité pendant des années, Mr. David Lubin, la cheville ouvrière de cette organisation : l'Institut International d'Agriculture de Rome. C'est un mouvement qui a toujours appelé à mon imagination. L'idée est d'établir et de tenir à jour les chiffres de la production dans le monde entier des principales denrées alimentaires, dans le but d'un futur contrôle mondial de la production et de la distribution de ces produits. Lorsque son mécanisme sera suffisamment développé, il sera naturellement possible, dans les intérêts de la civilisation, d'étendre ses activités à un contrôle de beaucoup d'autres produits. C'est en effet l'idée et le commencement de la paix mondiale économique et l'état mondial économique, de même que le tribunal de la Haye est la première faible esquisse d'un état mondial légal. Le roi d'Italie a approuvé chaleureusement l'idée de Mr. Lubin (c'est à cause de cet incident des plus intéressants que, dans un livre pas très connu, *The World Set Free* — Mai 1914 — dans lequel je représentais un état mondial sortant d'Armageddon, je fis se réunir la première conférence du monde à Brissago en Suisse italienne sous la présidence du roi d'Italie). Aussi lorsque je découvris que je pouvais voir Mr. Lubin, je me mis en route avec plaisir. Nous déjeûnâmes ensemble dans une agréable petite pièce qui dominait Knightsbridge et nous parlâmes tout un après-midi.

C'est un homme rappelant un peu Gladstone ; on pourrait le faire ressembler à Gladstone dans une caricature et il a cette qualité attirante d'intense excitation intellectuelle qui était un des grands facteurs de l'autorité personnelle de Gladstone. C'est un juif, mais ce n'est qu'après lui avoir parlé pendant quelque temps que je m'aperçus de ce fait. Il est en très mauvaise santé, il a des faiblesses au cœur qui l'oppressent et le rendent par moments blanc et silencieux.

Nous parlâmes d'abord de son institut et de son œuvre. Puis nous en vînmes au fret et aux transports. Chaque fois qu'on parle aujourd'hui d'affaires humaines, on arrive bientôt au fret et aux transports. A Paris, en Italie, lorsque je revins en Angleterre, partout je trouvai que « le coût du transport » était devenu une question d'importance fondamentale. Cependant les transports, les chemins de fer et la marine marchande, ces services d'une importance vitale dans les affaires du monde sont presque partout dans les mains de particuliers et exploités en vue de bénéfices. Dans le cas de la marine marchande, elle est encore soumise à de si antiques règles, que le fret varie de jour en jour et d'heure en heure. Ce qui rend le commerce de l'alimentation un jeu de hasard. Et il n'a nul besoin d'être un jeu de hasard.

Mais c'est une parenthèse dans la présente discussion. Tout en parlant, la perspective s'élargit d'une simple perspective de la production et de la distribution de la nourriture à une vue générale du monde devenu une communauté économique.

Je parlai de diverses personnes que j'avais rencontrées les semaines précédentes.

— Un grand nombre d'entre nous, dis-je, semblent s'éloigner des idées de nationalisme, de faction, de police vers quelque chose d'autre qui est plus vaste. C'est une idée de faire bien pour des raisons humaines, indépendamment de ces références limitées et locales. Il y a des choses comme l'hygiène internationale, par exemple — voyez ce mouvement ! Nous cherchons notre chemin vers un gouvernement plus grand.

— Le Gouvernement du Bien, dit Mr. Lubin.

Je lui dis que j'arrivais de plus en plus à l'idée — non comme sentimentalité ou métaphore, mais comme l'idée gouvernante et directrice, l'idée structurale, de toutes les activités politiques et sociales de quelqu'un — du monde entier comme seul Etat et seule communauté et de Dieu comme roi de cet Etat.

— Mais c'est ce que *je* dis, s'écria Mr. Lubin. J'ai signé cela. Et c'est *ici*.

Il se leva péniblement, saisit un vieux testament qui se trouvait sur un guéridon et le lança sur la table. Debout, la main sur le livre, il ressemblait plus à Gladstone que jamais.

— C'est ici, dit-il, dans les Prophètes.

§ 4

C'est tout ce que je dirai pour l'instant de cette conversation.

Nous parlâmes religion durant deux heures. Mr. Lubin voit les choses avec les yeux d'Israël, moi pas. A part cela, nous voyions beaucoup de choses de la même façon. Cette conversation ne fut qu'une des nombreuses conversations sur la religion que j'ai eues avec des hommes fermes et

pratiques qui veulent redresser le monde et qui
perçoivent qu'il leur faut une direction et une ré-
férence au delà d'eux. C'est pourquoi j'affirme
avec autant d'assurance qu'il y a un mouvement
religieux réellement profond en marche dans le
monde. Mais aucune de ces conversations n'aurait pu continuer, elle eût cessé instantanément
si quelqu'un portant l'uniforme et l'insigne d'un
corps religieux organisé, clergyman, prêtre,
mollah ou tout autre avocat semblable des dix
mille religions patentées du monde, était entré. Il
aurait apporté son dépit sectaire, sa propagande
pour l'assistance aux offices, sa persécution de
l'hérétique et de l'illégitime, sa politique ecclésias-
tique, ses tabous et sa susceptibilité doctrinale...
C'est pourquoi, bien que je perçoive dans le
monde aujourd'hui une grande vague de renaissance religieuse, je doute qu'elle soit d'un bon
augure pour le religieux professionnel...

L'autre jour, avec diverses autres personnes, je
parlais à un éminent Anglican et quelqu'un, en le
regardant, avança ce remarquable point de vue :

— Il y a quatre stages entre la foi et l'incrédulité.
Il y a ceux qui croient en Dieu, ceux qui en dou-
tent comme Huxley l'Agnostique, ceux qui le
nient comme les Athéïstes, mais qui du moins gardent sa place vacante, et enfin ceux qui ont établi
une église à sa place. C'est le dernier outrage de
l'infidélité.

IV

L'ÉNIGME ANGLAISE

Tous les Français que j'ai rencontrés en France,
me parurent penser aux Anglais ou en parler. Les
Anglais apportent leur propre atmosphère avec
eux. Pour commencer, ils ne sont pas si parlants
et je ne trouvai pas chez eux quelque chose de
semblable à la même vigueur d'examen, la même
résolution de comprendre la réaction anglo-fran-
çaise que je trouvai chez les Français. En matière
intellectuelle, j'avoue que mes sympathies vont
franchement vers les Français ; l'Anglais ne pensera et ne parlera jamais clairement tant qu'il
n'aura pas jeté à la porte de ses écoles publiques,
le « grec » clérical et les feintes « humanités »
pour y faire rentrer les études sincères et les
humanités réelles ; notre peu ingénieux compro-
mis anglican est comme un rhume dans le cerveau anglais et l'éducation supérieure en Angleterre est un entraînement à la paresse intellectuelle. C'est toujours un lamentable état de choses,
mais pour l'instant il est particulièrement lamen-

table parce que des opportunités formidables pour le bien de l'humanité ont pour pivot la possibilité d'une complète et entièrement franche entente mutuelle entre les Français, les Italiens et les Anglais. Depuis des années, il y a en France un nombre très considérable de gens qui étudient systématiquement la pensée anglaise et le progrès anglais. Sur presque toutes les questions d'opinion courante anglaise et sur les plus courantes questions sociales anglaises, c'est en France qu'on trouve les meilleures études. Mais il y a eu peu ou point d'activité réciproque. Les Anglais en France semblent confiner leurs études françaises à *La Vie Parisienne*. C'est ce qu'on leur a appris à attendre de la littérature française.

Il ne peut y avoir de doute pour un esprit raisonnable que cette guerre lie ensemble très intimement la France et l'Angleterre. Elles n'oseront pas se quereller avant au moins cinquante ans. Elles sont obligées à jouer un rôle central dans la Ligue mondiale pour empêcher la guerre qui doit suivre cette lutte. Il ne peut y avoir de question au sujet de leur union pratique. C'est une chose qui doit être. Mais il est remarquable que, tandis que les Français cherchent par tous les moyens à connaître les Anglais afin d'utiliser au mieux cette union, cette étrange incurie anglaise atteigne les proportions les plus monumentales en cette affaire.

Aussi n'y a-t-il pas beaucoup à dire sur ce que les Anglais pensent des Français. Ils ne pensent pas du tout. Ils sentent. Au début de la guerre, alors que la victoire de la France paraissait douteuse, il y eut en Angleterre un énorme sentiment en faveur de la France ; cela ressemblait au sentiment inexplicable qu'on a pour un frère. On aurait dit que l'Angleterre s'était découvert un nouvel instinct. Si la France s'était repliée comme un chiffon de papier, les Anglais se seraient battus avec passion pour la restaurer, c'est de l'histoire ancienne aujourd'hui. Aujourd'hui les Anglais sont toujours fraternels et fraternellement fiers ; mais, d'une façon muette, ils sont éblouis. Depuis que commença l'attaque allemande sur Verdun, les Français ont accompli un *crescendo*. Aucun de nous n'eût pu l'imaginer. A beaucoup d'entre nous, il ne paraissait pas possible à la fin de 1915 que l'Allemagne ou la France pût tenir une autre année. Il y avait beaucoup d'anxiété secrète pour la France. Elle a cédé la place maintenant à une confiance et une admiration sans bornes. Dans leur étonnement, les Anglais sont portés à oublier la grandeur de leur propre effort, les millions de soldats, les camions innombrables, le torrent sans fin de munitions qui se déverse en France pour venger la petite armée de Mons. Il nous semble naturel que nous fassions de tels prodiges en ces circonstances. Je suppose que

c'est merveilleux, mais comme Anglais-type, je ne
ressens pas du tout que ce soit merveilleux. Je ne
le ressentis même pas lorsque je vis les aéroplanes
anglais le confirmer en survolant Martinpuich,
sans qu'un appareil allemand se montre. Puisque
Michel l'a voulu, ils étaient là, enfin.

Jusqu'à l'offensive de la Somme on a beaucoup
douté en France de la vigueur de l'effort anglais.
Il n'en paraissait plus rien lorsque j'atteignis
Paris en août. Il ne restait nulle part l'ombre d'un
doute sur la puissance et la loyauté des Anglais.
Ces assurances préliminaires doivent être faites
parce que c'est dans la nature de l'esprit français
de critiquer et il ne faudrait pas supposer que des
critiques de détails et de méthode pussent affecter
la fraternité et l'entière confiance mutuelle qui est
l'âme des relations anglo-françaises.

§ 2

D'abord les Français ont été considérablement
étonnés par la valeur du simple soldat dans nos
nouvelles armées. Un colonel d'un régiment colo-
nial m'a dit quelque chose de presque incroyable
— presque incroyable venant d'un Français ;
c'était un cas trop solennel pour des compliments
ou des exagérations polies ; il me dit d'un ton

d'émerveillement et de conviction : « *Ils sont aussi bons que les nôtres* », c'était au-dessus de toute louange possible.

Ce « *Ils* » comprend toute sorte de soldats anglais. A moins qu'un *kilt* ne l'aide, le Français ordinaire est incapable de distinguer entre une sorte de soldat anglais ou une autre. Il ne peut distinguer — que nos ardents nationalistes marquent le fait — un Cockney d'un Irlandais ou l'accent de Cardiff de celui d'Essex. Il les trouve tous jovials, d'une façon extravagante, irrésistibles et généreux « comme de bons enfants ». Sa louange, ici, est un peu teintée de doute. L'Anglais est insouciant — l'insouciance dans la bataille, les Français peuvent la comprendre, mais il l'est aussi à propos du pain du lendemain et le soir il ne s'occupera pas si sa tente n'a rien à craindre d'un ouragan durant la nuit. Le Français est frappé aussi par ce fait que les Anglais chantent beaucoup plus que les soldats français et qu'ils paraissent avoir une passion pour les mauvaises chansons lugubres. A cela il sourit et hausse les épaules et, à vrai dire, que pourrions-nous faire d'autre en présence de ce mystère ? En tout cas la légende du « flegmatique » anglais a été jetée aux quatre vents du ciel par les canons du front occidental. Les hommes sont froids dans l'action, c'est vrai, mais pour le reste, ils sont, d'après le jugement français, du vif-argent.

Mais je ne vais pas m'étendre davantage sur l'impression générale qu'ont faite les Anglais en France. Philippe Millet, dans son livre : *En liaison avec les Anglais*, donne une série de portraits délicieux de types anglais vus par un Français. Il ne peut y avoir de doute que le caractère anglais, sincère, naïf, audacieux et généreux ne se soit conquis une réelle affection en France partout où il a eu l'occasion de se montrer...

Mais lorsqu'on arrive aux méthodes anglaises, alors commencent les difficultés du Français poli. Traduisant des allusions ou des déclarations, devinant ce que cachaient certaines réserves, je puis dire que les Français ont très peu d'admiration pour la façon dont nos officiers supérieurs organisent leur tâche ; ils sont désagréablement impressionnés par un manque général d'application et de méthode dans notre commandement. Ils considèrent que nous économisons des cerveaux et gaspillons du sang. Ils sont choqués par la façon dont les hommes visiblement incompétents ou insuffisants sont maintenus dans leur situation même après de sérieux échecs et ils furent profondément émus par le mauvais travail d'état-major et les lourdes pertes inutiles de notre première attaque de juillet. Ils condamnaient les fautes et les errements de l'offensive de 1915 comme les peines nécessaires d'une armée « amateur », ils avaient appris leur leçon en Champagne, mais ils furent surpris de découvrir combien en juillet 1916 les Anglais avaient encore à apprendre. Les officiers anglais s'excusèrent en déclarant qu'ils étaient encore des amateurs. « Ce n'est pas une raison, dit le Français, pour qu'ils soient de mauvais amateurs ».

Aucun Français ne m'a dit toutes ces choses, mais il était clair comme le jour qu'ils les pensaient. Je poussai un de mes guides sur ce sujet ; je lui dis que c'était le devoir très net des autorités militaires françaises de critiquer sévèrement les méthodes militaires anglaises si elles les trouvaient mauvaises. « Ce n'est pas facile, répondit-il, beaucoup d'officiers anglais ne croient pas avoir encore quelque chose à apprendre. Et les Anglais n'aiment pas qu'on leur dise certaines choses. Que pourrions-nous faire ? Nous pourrions difficilement envoyer un officier français dans vos quartiers généraux à titre d'instructeur. » Lorsque j'essayai d'attirer le général de Castelnau sur cette dangereuse question, il me répondit simplement : « Il n'y a qu'une façon d'apprendre à faire la guerre, c'est de faire la guerre. »

Lorsqu'il fut trop tard, dans l'ascenseur, je pensai à ce que j'aurais dû lui répondre. Il n'y a qu'une seule façon de faire la guerre et c'est par le sacrifice des incapables et la promotion rapide des hommes capables. Si les vieux types

17

éprouvés maintenant sont insuffisants, il faut chercher de nouveaux types. Mais pour cela il nous faut un étalon d'efficacité. Il nous faut une conception de la qualité intellectuelle en activité qui nous manque toujours.

M. Joseph Reinach, en la compagnie duquel je visitai la partie française du front de la Somme, était plein d'un projet, qu'il a publié depuis, qui consistait à rompre et à reconstituer les armées françaises et anglaises en une série d'armées mixtes où se mélangeraient la virilité et le matériel magnifiques anglais avec la science et l'expérience militaires françaises. Il me fit remarquer les avantages infinis d'un tel arrangement : le stimulant de l'émulation, la création de sentiments intimes et fraternels entre les peuples des deux pays. Actuellement, dit-il, pas un Français ne voit un Anglais si ce n'est à Amiens ou sur la Somme. Beaucoup n'ont aucune idée de ce que font les Anglais...

— Vous ai-je jamais conté l'histoire du grec obligatoire à Oxford et à Cambridge ? demandais-je abruptement.

— Qu'est-ce que ç'a à voir avec cela ?

— Ou comment deux commissionnaires du service civil non distingué peuvent arrêter l'éducation scientifique de toute notre classe administrative ?

M. Reinach protesta davantage.

— Parce que vous vous proposez de desserrer
l'emprise qu'une certaine classe étroite et bornée
possède sur les affaires anglaises et vous le proposez comme si c'était une chose aussi facile que de
modifier des tarifs de chemins de fer ou d'envoyer
un camion à Calais. C'est le problème que tout
Anglais sensé essaie de résoudre aujourd'hui, tout
homme de cette Grande-Bretagne qui a fourni ces
cinq millions de volontaires, ces magnifiques officiers temporaires et toute cette richesse de munitions ! Et l'oligarchie est si invinciblement fortifiée ! Croyez-vous qu'elle laissera un Français par-
tager ses pouvoirs ? Elle ne laissera même pas un
Anglais le faire. Elle tient les écoles, les uni-
versités ; les examens pour nos services publics
sont ses shibboleths de classe ; c'est l'église, les sei-
gneurs, la classe d'armée permanente, l'officialité
permanente ; elle fait toutes les nominations, elle
est la fontaine d'honneur ; ce qu'elle ne connaît
pas n'est pas de la science, ce qu'elle ne peut
faire, ne doit pas être fait. Elle gouverne l'Inde,
d'une façon ignorante et extravagante, elle mè-
nera l'Empire au naufrage plutôt que de retirer
son ascendant en Irlande. Elle est entièrement
contente de soi et instinctivement monopolisatrice.
Elle est sur notre dos, et l'ayant ainsi sur le dos,
nous, peuple anglais, nous devons marcher, sai-
gnant, trébuchant, à la Victoire... Et vous faites
cette proposition !

§ 3

Les relations antagonistes de l'oligarchie anglicane avec l'Angleterre supérieure et à l'esprit plus large qui lui pousse au derrière dans cette guerre existent très probablement en Allemagne, probablement mêmes elles sont exagérées en Allemagne avec une oligarchie militaire plus grande et une force civile relativement inférieure derrière son dos. Cet antagonisme est le plus étrange résultat de la formidable démilitarisation de la guerre qui a eu lieu. En France, il n'est probablement pas autant marqué à cause de la plus grande flexibilité et adaptabilité de la culture française.

Toute la gent militaire — la gent qui est primitivement et professionnellement militaire — est portée à être conservatrice. Pendant des milliers d'années, la tradition militaire a été une tradition de discipline. On concevait le simple soldat comme un homme presque déshumanisé, obéissant mécaniquement et l'officier comme un autocrate supérieurement instruit. En deux années tout ceci a été absolument renversé. Les qualités individuelles, l'organisation inventive et l'industrialisme gagneront cette guerre. Et aucune classe n'est aussi innocente de ces choses que la caste

militaire. Longtemps accoutumée à l'importance
de l'effet moral, elle fait bonne figure, elle sauve
les apparences étonnamment, mais elle ne guide ni
ne dirige plus cette guerre, elle est poussée par
derrière par des forces qu'elle n'a jamais prévues
et sur lesquelles elle n'a aucun pouvoir. Les aéroplanes et les gros canons lui ont échappé, les
tanks, fruits de cerveaux marins et civils, la
poussent vers la victoire malgré elle. Partout où
j'allai derrière les lignes anglaises, les officiers
allaient et venaient avec des éperons. Ces éperons
finalement me portèrent sur les nerfs, ils devenaient symboliques. Ils devenaient une insulte à
la tragédie de la guerre aussi grave que s'ils
avaient été de faux-nez. Les officiers anglais font
de longues randonnées en automobile avec leurs
éperons. Ils marchent dans les tranchées avec
leurs éperons. De temps à autre, je voyais un
cheval. Soyons juste, il y avait parfois des chevaux de selle dans un rayon de trois ou quatre
kilomètres de la tranchée de dernière ligne, mais
on les employait rarement.

Je ne dis pas que le cheval soit complètement
démodé dans cette guerre. En guerre rien n'est démodé. Dans les tranchées, les hommes se battent
avec des bâtons. Dans la bataille de Pasubio,
l'autre jour, un des Alpini réduisit au silence une
mitrailleuse en jetant des pierres. Dans la campagne de l'Ouest Africain nous avons employé des

troupes armées d'arcs et de flèches et elles ont fait
du bon et utile travail. Mais ce sont là des cas
exceptionnels. Il est ridicule de voir encore traîner
des éperons sur un champ de bataille moderne.
Quel est le coût global des éperons, des chevaux
et des équipages de l'armée anglaise et combien
d'hommes soignent et pansent les chevaux qui
pourraient tout aussi bien labourer la terre et
traire les vaches chez eux, je ne puis le deviner,
ce doit être un total assez énorme pour faire sérieusement pencher la balance de la gurere.

Et ces éperons et leur maintien ne sont que le
symbole extérieur et visible de la résistance obstinée de l'intelligence anglicane à la claire logique
de la situation présente. Ce n'est pas seulement
l'équipement externe de nos chefs qui retarde sur
le temps ; nos services politiques et administratifs
sont entre les mains de la même classe inadap-
table d'une façon désolante. Les Anglais portent
toujours des éperons en Irlande, ils en portent
dans les Indes et l'âge des éperons est passé. Au
début de cette guerre il y eut une cessation absolue de la critique des castes militaires et administratives ; on est arrivé à se demander si nous ne
payons pas trop cher, en erreurs et gaspillages, en
lassitude militaire et économique, en irritation internationale et par l'accumulation de dangers en
Irlande, en Egypte et aux Indes et ailleurs, une
absence apparente d'opposition à l'intérieur. Ces

gens n'ont aucune gratitude pour l'aide tacite, aucun esprit de service intelligent, aucun sens du *fair play* pour le spectateur du dehors. Ce dernier défaut, à vrai dire, ils l'appellent l'esprit de corps et le prisent à l'égal d'une noble qualité.

Il devient de plus en plus impératif que l'observateur étranger distingue entre cette Angleterre officielle, étroite et vieille et la plus grande et plus neuve Angleterre qui lutte pour s'affranchir d'un système usé. Il y a beaucoup d'Anglais qui voudraient bien dire, qui réellement sentent davantage chaque semaine le besoin urgent de dire aux Français, aux Irlandais, aux Italiens, aux Indiens : « Accordez-nous votre patience. L'énigme anglaise sera amplement résolue si vous voulez nous considérer comme une grande nation libérale cherchant à se dépouiller d'une peau épaisse et étroite... »

Rien n'est plus instructif pour soi-même que d'expliquer sa politique intérieure à un étranger intelligent ; les considérations secondaires, les allusions, les considérations simplement tactiques, tout cela disparaît. On aperçoit la forêt non comme une confusion d'arbres, mais comme quelque chose d'une forme et d'un emplacement définis. On me demanda en France et en Italie : « Qu'est-ce que lord Northcliffe a à faire avec le système anglais — ou Lloyd George ? Qui est Mr. Redmond ? Pourquoi Lloyd George est-il mi-

nistre et pourquoi Mr. Redmond ne veut-il pas
l'être ? N'y a-t-il pas quelque chose appelé un département d'ordonnance et pourquoi y a-t-il un
ministère spécial des munitions ? Mr. Lloyd
George peut-il mettre à la retraite un général ?... »

Je trouvai M. Joseph Reinach particulièrement
pénétrant et insistant. C'est un exercice amusant
mais plutôt difficile de me rappeler ce que j'essayai de lui faire comprendre en matière de
théorie sur l'Angleterre. Il est certainement un
auditeur des moins critiques. J'expliquai qu'il y a
une « Angleterre intérieure », l'Angleterre officielle, qui est anglicane ou presbytérienne, qui
monopolise les positions officielles, l'administra-
tion et les honneurs dans tout l'Empire britannique, domine la cour et maintient les éperons et
la bureaucratie. C'était précisément à ce moment
que les éperons m'agaçaient le plus.

Cette Angleterre intérieure, continuai-je d'expliquer, tient avec ténacité ses positions avanta-
geuses, d'où il est difficile de la déloger sans ren-
verser tout l'empire et elle insiste pour traiter le
reste des quatre cents millions d'âmes qui constituent cet empire comme des *outsiders*, des étrangers, des races sujettes et des personnes suspectes.

— Envers vous, dis-je, elle se comporte avec une
apparence d'apathie faiblement hostile, faiblement dédaigneuse. Elle est toujours restée si profondément insulaire qu'elle hausse les épaules à la

pensée du tunnel de la Manche. Voilà l'Angleterre
qui vous irrite et vous intrigue si intensément...
que vous ne pouvez même pas me cacher ces sentiments. Malheureusement c'est l'Angleterre que
vous voyez le plus. Or, en dehors de cette Angleterre officielle, il y a la « Plus-Grande-Bretagne »,
la réelle Angleterre sur laquelle vous pouvez
compter dans l'avenir. (A partir de ce point, une
faible saveur de mysticisme se glissa dans ma dis-
sertation. Je parlais avec, dans la voix, quelque
chose rappelant curieusement ces libéraux russes
qui se disposent à nous expliquer les contrastes et
les contradictions de la «Russie officielle » et de
la « vraie » Russie.) Cette Plus-Grande-Bretagne,
affirmai-je, est en conflit perpétuel avec l'Angleterre officielle, luttant pour qu'elle soit à la hauteur de sa tâche, la poussant vers ses buts, s'effor-
çant malgré les tenaces méchancetés des privilé-
giés de conserver la paix avec les Français, les
Irlandais, les Italiens, les Russes et les Indiens.
C'est à cette Angleterre extérieure qu'appartiennent ces Anglais que vous trouvez si sympathiques,
Lloyd George et Lord Northcliffe, par exemple.
C'est l'Angleterre du grand effort, l'Angleterre des
usines fumantes et du torrent de munitions, l'Angleterre des hommes et des subalternes des nouvelles armées, l'Angleterre qui invente, pense et
accomplit et qui se dresse maintenant contre l'impérialisme allemand et l'empire du monde. Je ne

veux pas exagérer la valeur de la Plus-Grande-Bretagne. Si le groupe intérieur reçoit une éducation étroite, le groupe extérieur en reçoit une souvent grossière. Si le groupe intérieur est si fermé qu'il pourrait faire croire à une conspiration, le groupe extérieur est si peu uni qu'il ressemble à une bruyante confusion. La Plus-Grande-Bretagne ne fait que commencer à se comprendre et à se découvrir. En dépit de sa rudeur, il y a en elle un gigantesque esprit cherchant sa voie vers la lumière. Elle a de tout autres ambitions pour la fin de la guerre qu'un misérable traité d'alliance avec la France et l'Italie, ou quelque avantage qui invalidera la concurrence allemande ; elle commence à s'apercevoir de plus neuves et plus vastes sympathies, des possibilités d'un amalgame d'intérêts et d'une communauté de buts, ce qui est profondément opposé aux habitudes de la vieille oligarchie et bien éloigné de ce que peut exprimer ce mot prétentieux : « l'Empire ».

Je descendis des hauteurs de ma rhétorique pour m'entendre demander par M. Reinach comment et quand cette Plus-Grande-Bretagne était susceptible de devenir politiquement effective.

V

LES CHANGEMENTS SOCIAUX EN MARCHE

§ 1ᵉʳ

« Tout sera changé après la guerre ». C'est
l'une des consolantes platitudes par lesquelles les
gens couvrent le vide de leur pensée. Ils disent cela
avec un air profond. Mais demandez-leur en réponse : « Comment tout sera-t-il alors ? », dans
beaucoup de cas vous éveillerez chez eux un
grand ressentiment. C'est presque aussi irrespec-
tueux que de leur demander : « Vous le croyez
réellement ? »

Dans ce chapitre, limitons-nous aux progrès so-
cial-économiques qui déjà s'aperçoivent. Autant
que je puis distinguer parmi les choses dites à ce
sujet, on peut les classer en des groupes qui se
concentrent sur plusieurs questions types. Pre-
mièrement, se pose la question : « Comment payer
les frais de la guerre ? » Vient ensuite l'énigme
ouvrière d'après-guerre : « Y aura-t-il une trêve

ou une violente lutte travailliste ? » Puis il y a la
reconstruction de l'industrie européenne après la
guerre.

L'objet que je me propose dans ce chapitre est
un objet critique ; ce n'est pas résoudre des problèmes, mais exposer divers courants d'idées qui
sont dans l'air. Quel courant est susceptible de
l'emporter sur les autres et d'entraîner à sa suite
les affaires humaines, cela ne nous concerne pas
pour le moment. Il semble y avoir deux façons
distinctes de répondre à la première des questions
que j'ai notées. Elles ne se contredisent pas chacune nécessairement. Naturellement, une grande
partie de la guerre est payée immédiatement par
la richesse privée accumulée du passé. Nous ache-
tons au propriétaire privé le matériel et les ressources dont nous avons besoin et nous payons en
papier monnaie ou en emprunts de guerre. Il n'y
a pas appauvrissement de la communauté. La fortune des individus n'est pas la fortune des nations ; les deux choses peuvent être facilement
contradictoires lorsque la fortune du riche consiste en terres ou en ressources naturelles, en
franchises ou en privilèges, dont il ne cède qu'à
regret l'emploi pour des sommes élevées. La conversion de terres et de matériel improductifs en
un matériel employable et activement employé en
échange de la dette nationale peut être, en réalité,
un accroissement positif de la richesse de la com-

munauté. Et ce qui arrive dans tous les pays belligérants, c'est le retrait des mains privées de ri-
chesses de plus en plus grandes, et, en échange, la
contraction d'un grand nombre de dettes envers
des particuliers. Il y a une tendance très nette
vers la disparition d'une classe possédant des
biens-fonds, la suppression de la propriété foncière en temps de guerre et l'apparition à sa place
d'une vaste classe rentière. A la fin de la guerre
beaucoup de matériel sera détruit à jamais, le
transit, la production alimentaire et l'industrie seront partout considérablement socialisés et le pays
pourra payer chaque année, en intérêts, une
somme d'argent excédant la dépense nationale entière d'avant la guerre. Au point de vue de l'Etat
et mis à part les dommages matériels et moraux,
cet intérêt annuel est le paiement annuel du prix
de la guerre.

Ici, se pose cette intéressante question : les
grands Etats belligérants peuvent-ils faire faillite,
et, en ce cas, jusqu'à quel point ? Les Etats peuvent faire faillite sans répudier leurs dettes
envers le créditeur privé ou paraître lui payer
moins. Ils peuvent faire faillite, soit par une dé-
préciation de leur monnaie, soit — sans toucher à
l'étalon d'or — par une hausse des prix. En
somme, ces deux choses arrivent au même but : le
créditeur obtient pour sa livre ou son louis tant de
pains ou de paires de souliers ou d'heures de tra-

vail d'ouvrier de moins qu'il n'aurait obtenus dans
les conditions précédentes. On peut supposer cette
hausse des prix (et par conséquent des salaires)
s'étendant d'une façon illimitée. Beaucoup de gens
sont portés à considérer une telle hausse comme
un certain résultat de la guerre, et plus elle
monte, plus le fardeau de la classe rentière, c'est-
à-dire ce qu'on lui demande en marchandises et
en services, sera allégé. Ce raisonnement est partagé par la majorité des gens et je ne vois aucune
raison contre. La presse « socialiste » intensément
stupide ou malhonnête, cependant, qui, dans l'intérêt de l'ennemi commun, représente si mal le
socialisme et cherche à induire en erreur les
ouvriers en Angleterre, ignore ces considérations
et professe pour les plus crédules et les plus ignorants de ses lecteurs que cette hausse continuelle
de prix est alarmante.

Mais, nous voici arrivés à la seconde façon de
faire face aux obligations d'après-guerre. Cette
seconde façon, c'est en augmentant la fortune de
l'Etat et en augmentant la production nationale à
un tel point que le paiement de la classe rentière
ne sera pas un fardeau écrasant. L'augmentation
des prix frustre le créditeur. Une production
accrue arrêtera la hausse des prix et lui fournira
un remboursement réel. La perspective pour le
créditeur national semble être qu'il sera frustré en
partie et payé en partie, jusqu'à quel point sera-

t-il frustré et jusqu'à quel point payé, cela dépend presque entièrement de cet accroissement possible de production. Et, en conséquence, un désir très vif et tout à fait sans précédent se manifeste chez les personnes intelligentes et actives, possédant de l'emprunt de guerre ou autres obligations semblables, dans tous les pays belligérants ; ce désir, c'est de voir les projets hardis et prometteurs pour l'enrichissement de l'Etat encouragés et réalisés. Le mouvement vers le socialisme reçoit une impulsion d'un endroit nouveau et inattendu, il y a maintenant un socialisme rentier. *The Times* de Londres est plein de projets de grandes entreprises d'Etat pour l'exploitation des terres coloniales appartenant à l'Etat, pour l'achat et le commerce en gros par l'Etat des produits alimentaires et naturels et pour la syndicalisation des industries maritimes et de grande importance en des vastes trusts dans lesquels, non seulement le gouvernement anglais, mais les gouvernements français et italien, pourraient entrer comme associés. Il est intéressant de noter à côté de cela que la presse soi-disant socialiste de Grande-Bretagne s'occupe principalement des courants d'air de la cellule de Mr Fenner Brockway et du refus par le soldat Scott Duckers de mettre son pantalon kaki. *The New Statesman* et la *Fabian Society*, cependant, montrent une intelligence plus vaste.

Il y a une grande variété de suggestions pour

cet accroissement de la fortune et de la production publiques. Un grand nombre sont des plus raisonnables. Seront-elles toutes, ou quelques-unes seulement, adoptées, cela dépend, sans aucun doute, largement du politicien et de l'officialisme permanent et ce sont là deux classes faciles à se livrer à la panique en présence de réalités. En dépit de son propre intérêt à limiter la hausse des prix, la vieille bureaucratie officielle s'opposera probablement à des innovations de ce genre. C'est toujours la résistance des éperons contre les innovations militaires, bien qu'ici ce soit plus particulièrement la résistance des plumes d'oie. D'un autre côté l'organisation guerrière de la Grande-Bretagne a officialisé un certain nombre de chefs industriels et créé ainsi un vaste corps d' « officiels » temporaires mais aventureux. Ils peuvent vouloir continuer pour une production de paix l'exploitation des grandes usines nouvelles que la guerre a créées. A la fin de la guerre, par exemple, tous les pays belligérants auront un besoin urgent d'automobiles bon marché pour les fermiers, les commerçants, et, en général, tous les buts industriels. L'Amérique produit en ce moment ces automobiles au prix de 80 livres. Mais l'Europe sera lourdement endettée envers l'Amérique, ses industries seront désorganisées et il n'y aura, par conséquent, aucune sorte de paiement en retour possible pour ces centaines de mille d'automobiles. Un pays qui n'est ni créditeur, ni producteur ne peut être importateur. En conséquence, bien que ces voitures d'acier bon marché puissent être empilées aussi haut que le monument de Washington en Amérique, elles ne viendront jamais en Europe. D'un autre côté, les grandes usines d'obus européennes, seront oisives et prêtes, leur personnel étant discipliné et sous la main, à se mettre à la nouvelle tâche. Le bon sens impératif de la position semble être que les gouvernements européens se mettent sans perdre de temps à concurrencer Ford et à fournir à leur peuple un transport pour route bon marché.

Mais là encore se pose une question : cette méthode pleine de bon sens est-elle inévitable ? Supposons que l'Europe dépourvue d'énergie mentale après la guerre, soit insuffisante pour un exploit constructif tel que celui-ci. Il y aura certainement l'obstruction de la pédanterie officielle, le retrait de tel ou tel intérêt engagé, le désir gourmand de l'entreprise privée d'exploiter cette occasion sur une échelle plus chère et moins productive, la méfiance générale des gens ignorants et dépourvus d'imagination pour une nouvelle façon de faire les choses. De plus, l'entreprise peut ne pas être conduite de la façon, cependant évidente, qui lui conviendra. Ceci ne signifie pas que l'Europe achètera des voitures américaines. Elle sera complètement incapable d'acheter des voitures améri-

18

caines. Elle sera incapable de faire quelque chose
que l'Amérique ne pourra faire meilleur marché
pour elle-même. Mais cela signifie que l'Europe se
passera de voitures bon marché, c'est-à-dire qu'elle
descendra plus maladroitement et plus prodi-
guement que jamais à un niveau économique des
plus bas. Des entraves dans les transports signifient des entraves dans la production d'autres
choses et une incapacité croissante à acheter à
l'étranger. Et c'est ainsi qu'on descend, descend...
Car il ne s'ensuit pas, parce qu'un projet est manifestement pratique et avantageux pour la communauté, qu'il sera adopté...

Tous ces problèmes d'après-guerre nous ramè-
nent à cette question : jusqu'à quel point la guerre
a-t-elle mis la crainte de Dieu dans les cœurs des
hommes responsables ? Il n'y a réellement aucune
autre raison en existence, à mon avis, qui puisse
leur faire se poser cette question : « Ai-je fait de
mon mieux ? » et cette autre plus importante :
« Est-ce que je fais de mon mieux en ce moment ? » Et c'est ainsi que, tandis que j'entends de
multiples propos sur les grandes réorganisations
qui doivent avoir lieu après la guerre, tandis qu'il
y a chez les rentiers l'émotion du doute au sujet
de leur remboursement, tandis que les détresses et
les sacrifices de la guerre font s'interroger de nombreuses personnes sur bien des choses qu'elles faisaient et qu'elles considéraient comme justes et

bien des choses qu'elles acceptaient comme vraies, je m'aperçois qu'il y a encore quelque chose de taciturne et de pas très articulé dans ce monde européen, quelque chose de résistant et d'inerte, qui ressemble à l'acte obstiné de ce dormeur au sommeil lourd se retournant de l'autre côté après qu'on l'a appelé pour se lever : « Encore un petit peu... Donnez-moi le temps. »

Une pensée seule semble rendre anxieux, les gens les plus intraitables. Je la lance comme mon dernier stimulant lorsque tout le reste échoue. « Il y aura de *terribles* troubles avec le prolétariat après la guerre », dis-je.

Ils essaient de se persuader que la discipline militaire est en train de briser le prolétariat...

§ 2

Qu'est-ce que le prolétariat anglais pense de la guerre et de ce qu'il en résultera ?

En tant que corps distinctif, le prolétariat anglais ne pense pas. « Le prolétaire conscient », ainsi que disent les Marxistes, existe à peine en Angleterre. Les seules gens qui, en tant que classe, soient conscientes de leur classe dans la communauté britannique, ce sont la « gentry » anglicane et sa suite de gentils. Tout le reste de la popula-

tion est « respectable ». La majorité des travailleurs anglais trouve leur pensée toute faite dans
les journaux ordinaires à un sou ou dans *John
Bull*. Les journaux soi-disant socialistes sont peut-
être moins représentatifs du British Labour que
tout autre section de la presse ; le *Labour Leader*,
par exemple, est l'organe de gens comme Ber-
trand Russell, Vernon Lee, Morel, rentiers acadé-
miques qui connaissent autant le côté ouvrier de
l'industrialisme que les combats de coqs. Tous les
Anglais sont des gens socialement consentants et
d'un bon caractère, tout prêts à se laisser conduire
par ceux qu'ils s'imaginent être plus capables
qu'eux-mêmes. Ils font les soldats les plus gais et
les plus généreux du monde entier, sans insister
sur ce respect démocratique que le Français exige.
Ils ne s'inquiètent pas beaucoup du plan général
des opérations, tant qu'ils ont confiance dans la
qualité et la bonne volonté de leurs commandants.
Mais les soldats anglais siffleront leur général
lorsqu'ils le considéreront égoïste, dur ou une
baderne. Et la propagande socialiste a importé les
idées du service public dans le service privé.
L'ouvrier anglais est devenu de plus en plus impatient contre une direction industrielle mauvaise
ou égoïste. L'agitation travailliste en Angleterre
se centralise sur l'idée que représente le seul mot
« profiteur ». Les lois et les règlements concernant
les heures de travail, l'augmentation des salaires,

rien ne calmera l'ouvrier en Angleterre si l'ouvrier croit qu'on l'exploite pour un bénéfice privé.

L'ouvrier ressent une grande méfiance contre le bénéfice privé. Pour cette méfiance, une certaine classe de patrons est principalement à blâmer. L'ouvrier croit que les patrons, en tant que classe, frustrent les ouvriers, en tant que classe, complotent de les frustrer de leur pleine part dans la production commune et font de grosses affaires. Il croit que le patron indépendant est également prêt à sacrifier le bénéfice de la nation et le bien-être de l'ouvrier à un simple avantage personnel. Il a pour entretenir cette méfiance une expérience traditionnelle.

Aucune idée n'a changé aussi complètement durant ces quatre-vingts dernières années, tout le monde croyait à ce droit divin de la propriété de faire ce qu'il lui plaisait avec ses avantages, doctrine socialement plus désastreuse que le droit divin des rois. Il n'y avait pas alors ce sentiment de l'immoralité de l'accaparement qui aujourd'hui pervertit la conscience publique. L'ouvrier devait non seulement travailler, mais encore être reconnaissant d'avoir du travail. Les propriétaires gardaient leurs propriétés et les donnaient ou non à cultiver et à développer à leur gré. Ces idées ne sont pas complètement éteintes aujourd'hui. Il n'y a que quelques jours, je rencontrais une magnifique vieille dame de soixante-dix-neuf ou quatre-vingts ans, qui discourait sur la méchanceté de son jardinier : celui-ci avait osé lui demander un shelling de plus par semaine, à cause des prix de guerre.

C'est une belle et vaillante personne. Son visage avait conservé son rose naturel de santé, sur son front on voyait encore des boucles blondes et une main soigneusement entretenue rejetait en arrière une vieille et jolie dentelle pour gesticuler plus librement. Elle avait précédemment charmé son auditoire en repoussant certaines rumeurs d'invasions qui couraient.

— Les Allemands, *nous* envahir ? s'écria-t-elle. Qui les laisserait faire, je vous le demande ? Qui les laisserait faire ?

Puis elle revint à ses plaintes contre son jardinier.

— Je lui ai dit qu'après la guerre il sera bien heureux d'accepter n'importe quoi. Grands dieux ! Ils reviendront tous après la guerre. Tous, trop heureux d'accepter n'importe quoi. Et il me demande un shelling de plus ! »

Tous ceux qui l'entendirent, parurent choqués, mais c'était là le ton des personnes d'importance pendant les sombres jours qui suivirent les guerres napoléoniennes. Elle est une survivante de la vieille tradition. Un autre survivant, c'est Blight, le solicitor, qui s'en va de tous côtés pleurnicher que nous autres, écrivains, nous « donnons

de faux espoirs au sujet des augmentations de
salaires agricoles après la guerre ». Mais ce sont
là deux exceptions. Ils sont considérés cependant
comme des gens très remarquables, même par
leur propre classe. La majorité des propriétaires
et des gens influents en Europe ne croit pas plus
que les plus intelligents ouvriers au droit sacré de
la propriété d'arrêter son développement et de dicter des conditions. L'idée de la raison collective et
de la nature fiduciaire de la propriété se faisait
déjà jour dans la communauté européenne des
années avant la guerre. La nécessité causée par
la guerre, de la coopération et de la disparition
soudaine, même violente, de l'individualité dans
un intérêt commun, cristallise cette idée en une
claire proposition.

La guerre est une mauvaise chose, mais les gens
qui ne veulent pas apprendre par la raison ont
besoin d'un professeur méchant. Cette guerre a
fait comprendre à tout le monde, la suprématie
du bien public sur toutes sortes de prétentions individuelles.

Une des choses les plus remarquables de la
presse de guerre anglaise, c'est la place accordée à
la discussion du développement ouvrier après la
guerre. Ceci est, dans son intégralité, particulier à
la situation anglaise. Rien de ce genre dans la
presse de nos Alliés latins. Un grand mouvement
de la part des capitalistes et des organisations

d'affaires est manifeste pour assurer l'ouvrier d'un changement de cœur et de la volonté de changer de méthode. L'ouvrier est méfiant, non pas sottement, mais sagement méfiant. Mais l'ouvrier réfléchit.

« Syndicalisme industriel national », disent les organisateurs d'affaires.

« Socialisme de corporation », disent les ouvriers.

On parle beaucoup aussi du « partage des profits » et de donner aux ouvriers une part dans la direction des affaires. Aucune de ces idées ne sourit aux têtes les plus avisées parmi les ouvriers. Au sujet de la direction, leur point de vue, c'est de demander au capitaine de commander le navire. Quant aux profits ils considèrent que le capitaine n'a pas plus droit que le mousse à des gains ni à des spéculations ; il doit faire son travail pour son salaire, que ce soit un travail profitable ou non. Il n'y a pas de baume pour le mécontentement ouvrier dans ces projets qui veulent faire de l'ouvrier, à son tour, un infinitésimal profiteur.

Durant mon voyage en Italie et en France, je rencontrai plusieurs hommes fortement intéressés dans l'organisation commerciale. Juste avant mon départ, mon ami N... qui a été le principal associé dans l'établissement d'une très grande affaire américaine faisant une publicité intense, vint me voir avant de rentrer en Amérique. Il s'intéresse autant à son travail qu'un spécialiste scientifique et est aussi prêt à en parler à toute personne intelligente et intéressée. Il appuya particulièrement sur la question de continuité dans les affaires, le moment où il convient à la vieille génération de laisser à la jeune la direction responsable et de s'effacer. C'est un homme de quarante-cinq ans.

Incidemment, il me dit qu'il n'avait jamais rien demandé pour sa vie privée à la grande affaire qu'il avait établie à part des appointements, « de bons appointements » et que maintenant il allait s'accorder une pension.

— Je ne m'en occuperai plus, je viendrai vivre une année ou deux en Europe afin de ne pas être tenté de m'en occuper. Les garçons devront la diriger un jour, mieux vaut qu'ils acquièrent leur expérience tandis qu'ils sont jeunes et capables d'apprendre par elle. C'est ainsi que j'ai fait, moi.

J'aime les idées de N...

— En somme, lui dis-je, vous avez été un fonctionnaire public. Vous avez considéré votre affaire comme un service public.

Telle était son idée.

— Que diriez-vous si c'était un service public ?

Il réfléchit et quelque souvenir désagréable assombrit son visage.

— Sous les politiciens ? dit-il,

J'emportais avec moi, le lendemain, à l'étranger, l'idée que N... avait mise en mouvement. J'eus la bonne chance de rencontrer des hommes qui étaient intéressants industriellement. Le capitaine Pirelli ; son nom va partout où vont les automobiles, écrit avec un grand et long P majuscule. Le nom du lieutenant de Tessin rappellera l'un des plus intéressants essais de partage des profits aux étudiants de science sociale. J'essayai sur tous les deux le problème de N... Chez tous les deux, je trouvai une attitude d'esprit semblable à la sienne. Ils considéraient que toute affaire digne de respect, les seules sortes d'affaires qui les intéressent, ont une fonction publique. Les prêteurs et les spéculateurs, les marchands et les bookmakers peuvent ne penser qu'au profit, un directeur d'industrie capable n'y pense certainement pas.

Je rencontrai en France un officier anglais qui est aussi un propriétaire foncier. Je l'amenai à me parler de la façon dont il administrait sa propriété. Les nouvelles méthodes l'intéressaient. Il essayait de faire son devoir envers sa terre, me dit-il.

— Combien de terre ? demandai-je.

— Un peu plus de neuf mille acres.

— Mais vous pourriez en administrer quarante ou cinquante mille sans beaucoup plus de mal ?

— Si je les avais. Sous certains rapports, ce serait plus facile,

— Quelle perte ! repris-je. Naturellement, vous ne devriez pas posséder ces acres, ce que vous devriez être, c'est le contrôleur agricole d'une étendue de terre publique aussi grande que vous pourriez administrer avec un salaire convenable.

Il réfléchit sur cette idée. Pour le moment, il ne retirait pas grand'chose de sa terre comme salaire et il fit une regrettable allusion à Mr. Lloyd George.

— Lorsqu'un homme essaie de faire son devoir envers la terre, dit-il...

Si l'on examine ici, à la fois, les pensées de l'Anglais, de l'Italien, du Français et de l'Américain, on trouve la même idée d'une sorte d'officialisme dans la propriété. C'est une idée qui pénètre aujourd'hui partout dans notre pensée et nos discussions publiques et c'est une idée dont on pourrait à peine trouver trace dans la première moitié du XIX\ :sup:`e` siècle. L'idée de service et de responsabilité dans la propriété a augmenté et augmente encore, la conception de « retenir » sa propriété, la conception de l'usurier de son droit à se faire acheter pour céder la place, disparaît. Et ce mouvement a été énormément aidé par les divers essais sur une grande échelle de socialisme temporaire qui ont été imposés aux puissances belligérantes. Des hommes du caractère le plus individualiste ouvrent leur esprit aux possibilités de l'action collective concertée. Mon ami et cama-

rade d'études Y..., inventeur et organisateur industriel, qui faisait les meilleurs omnibus à va-
peur du monde et qui fait maintenant toutes sortes
de choses pour l'armée, serait devenu rouge de colère méfiante aux simples mots « inspecteur » ou
« socialisme » il y a trois ou quatre ans. Il ne rou-
git plus aujourd'hui.

Une grande proportion de cette sorte d'homme,
cette énergique et directive sorte d'homme en Angleterre, pense « socialiste » aujourd'hui. Elle ne le
dit peut-être pas, mais elle pense « socialiste ».
Lorsque l'ouvrier commencera à comprendre ce
qui se passe, il sera partagé entre deux choses :
entre la coopération appréciative, pour laquelle le
socialisme de corporation en particulier s'est décidé, et la méfiance traditionnelle. Je ne veux pas
offrir de deviner ici laquelle de ces deux choses
prévaudra.

§ 3

L'impression que j'ai du mouvement mental
présent dans les communautés européennes, c'est
que, tandis que la classe officielle et la classe rentière pensent très pauvrement, insuffisamment et
d'une façon purement obstructive, tandis que les
Eglises gaspillent leur énergie en futiles réclames

personnelles, tandis que la majorité ouvrière est
méfiante et disposée à accepter des conditions
pour elle-même plutôt que d'entrer dans de
grands projets de reconstruction qui aboliraient
le profit comme but principal de la vie, il y a cependant un mouvement considérable vers une reconstruction de ce genre. Rien n'est si trompeur
qu'une analogie mal étudiée. Pendant les années
mortes qui suivirent les guerres napoléoniennes,
années souvent citées comme un précédent pour
ce que l'on attend maintenant, l'esprit du service
collectif fut près de son minimum ; il ne fut
jamais si fort et jamais si manifestement en voie
de croître et d'augmenter qu'aujourd'hui.

Mais quel doit être ce service ?

J'ai là-dessus des conceptions très fortes, et
comme mon tempérament est sanguin, elles colo-
rent nécessairement mon point de vue. Je crois
que cette impulsion vers le service collectif ne
peut se satisfaire que d'après la formule « l'humanité est un état dont Dieu est le roi immortel »
et que le service des besoins collectifs des hommes
est la vraie façon d'adorer Dieu. Mais si désireux
que je sois de voir cette idée développée et accep-
tée par l'esprit public, je ne puis me persuader
que cela soit. J'aperçois bien un désir de formes
plus larges dans lequel une prévalante impulsion
vers la dévotion a pu entrer. Mais les corps religieux organisés, avec leurs doctrines, leurs in-

signes et leur instinct de conservation personnelle
à tout prix, se dressent entre les hommes et leur
croissance spirituelle de la même façon que les
accapareurs se dressent entre les hommes et la
nourriture. Leur activité en ce moment est un ennemi presque intolérable. On ne peut parler de
« Dieu » sans qu'aussitôt un racoleur quelconque
s'efforce d'en découvrir un dans sa cave de
fadaises et d'orthodoxie. Ce qu'un homme rationnel signifie par Dieu, c'est Dieu tout court. Plus
vous voulez définir Dieu et discuter sur ce sujet,
plus il reste la même chose simple. Le Judaïsme, le
Christianisme, l'Islamisme, la moderne pensée religieuse hindoue, tous sont d'accord à déclarer
qu'il n'y a qu'un seul Dieu, maître et chef de
l'humanité, en un conflit incessant avec la
cruauté, le désordre, la folie et le gaspillage. A
mon idée, il s'ensuit immédiatement qu'il ne peut
y avoir de roi ni de gouvernement d'aucune sorte
qui ne soit ou un gouvernement subordonné ou
un gouvernement rebelle, une usurpation locale,
dans le royaume de Dieu.

Mais aucun corps religieux organisé n'a jamais
eu le courage et l'honnêteté d'insister sur ce point.
Ils sont tous les ministres complaisants du nationalisme, du pouvoir et des princes. Il n'existent
que pour cela. Toute religion organisée au monde
n'existe que pour exploiter, détourner et gaspiller
l'impulsion religieuse chez l'homme.

Cette conviction que le royaume mondial de
Dieu est la seule vraie méthode du service humain
est si claire et définitive dans mon esprit, elle me
paraît si inévitablement la conviction à laquelle
tous les hommes à l'esprit juste doivent finalement venir, que je me sens presque un spectateur
à un jeu de colin-maillard lorsque je contemple
la discussion des idées synthétiques politiques.
L' « aveugle » étend ses bras et plonge ses mains
dans les coins les plus étranges, il bute dans les
chaises, s'agrippe aux rideaux, mais, à la fin, il
trouvera sûrement, tiendra et tâtera sa proie,
qui tout ce temps a été pleinement visible pour les
autres, et en dira le nom.

Des Français et des Italiens, auxquels je parlai,
me dirent qu'ils se battaient pour la « civilisation ». C'est un nom pour le royaume de Dieu et
j'ai entendu aussi des Anglais l'employer. Mais
une grande partie encore de la pensée anglaise
erre le dos tourné à la lumière. La plupart tré-
pignent au sujet de choses futiles, secondaires. J'ai
devant moi un petit livre, l'œuvre commune du
Dr Grey et de Mr. Turner, un ancien maître
d'école et un manufacturier ; il est intitulé *Eclipse
or Empire ?* C'est un livre pour lequel une intense
publicité fut faite ; vous ne pouviez, à un moment, ouvrir un journal sans y trouver sa réclame
sur toute la longueur d'une colonne ; des affiches
l'annoncent sur les murs et c'est, dans l'ensemble,

un livre utile et d'un esprit juste. Il réclame davantage d'éducation et que celle-ci en outre soit meilleure, davantage de méthodes scientifiques, moins de méfiance de classe et plus de franchise et de compréhension sociale, un traitement plus franc et plus juste de l'ouvrier. Mais pourquoi réclame-t-il toutes ces choses ? Les réclame-t-il parce qu'elles sont justes ? Parce qu'en les accomplissant on sert Dieu ?

Pas du tout. Mais parce qu'autrement cet étrange empire élastique qui est nôtre retomberait à une place secondaire dans le monde. Ces deux auteurs réellement semblent penser que l'ouvrier nonchalent, le riche embusqué, le fonctionnaire négligent, le maître d'école conservateur, l'usurier gourmand, l'opposition confortable confrontés avec cette alternative, terrifiés par cette idée que cette chose appelée l' « Empire » va être éclipsée, soucieux de la continuation de cette gloire indéfinie au-dessus de leurs concitoyens appelée l'Empire, s'apercevront de l'erreur de leurs agissements et deviendront énergiques, dévoués, capables. Ils croient qu'un idéal de cette sorte va changer la vie des hommes... Je sympathise avec leurs intentions et je déplore leur conception des motifs. Si les hommes ne veulent pas se donner pour le bien, ils ne se donneront pas pour une conception géographique. S'ils ne veulent pas bien travailler par haine du mauvais travail, ils ne tra-

vailleront pas bien par haine des Allemands. Cette
idée d' « Empire » vagabonde dans l'empire britannique, essayant de ramasser de l'enthousiasme
et du dévouement, depuis les jours de Disraeli.
Elle est, à mon avis, trop grande pour l'esprit
mesquin et trop prétentieuse et limitée pour le
beau et généreux. Elle laisse de côté les Français,
les Italiens, les Belges et tous nos frères de sang
alliés. Elle n'a en elle aucune force irrésistible.
Nous autres, Anglais, nous ne sommes pas naturellement impérialistes ; nous sommes quelque
chose de plus grand ou quelque chose de moins.
Voilà trois années maintenant que nous combattons l'impérialisme sous sa forme la plus
extravagante. C'est un pauvre encouragement de
nous proposer de parodier le diable que nous combattons.

Au temps ! L'aveugle doit aller tâtonner ailleurs.

Car lorsqu'il aura saisi la réponse juste, elle
répondra non seulement à la question : pourquoi
les hommes devraient travailler pour leurs concitoyens, mais aussi pourquoi les nations devraient
cesser d'armer, de comploter, de s'exciter les unes
contre les autres. Le problème social n'est que le
problème international en détail, le problème international n'est que le problème social en gros.

Mon penchant me guide totalement ici. Je vois
les hommes engagés dans des affaires sociales,

19

économiques et internationales, soucieux de
mettre fin au conflit en général, inexprimable-
ment fatigués de la lutte et de la perte, de la douleur et de la mort qu'il implique. Mais pour
mettre fin au conflit, il faut abandonner les prétentions agressives ou peu cordiales. L'ouvrier a la
nausée rien qu'à la pensée de nouvelles grèves et
de nouvelles luttes après la guerre, l'industriel a
assez de la concurrence et est désireux de rendre
service, tout le monde a assez de la guerre. Mais
comment peuvent-ils mettre fin à tout ceci si ce
n'est par la définition et l'adoption d'un but commun qui établira un étalon pour l'épreuve de tout
problème concevable, c'est-à-dire auquel naturellement, tous les autres problèmes seraient subor-
donnés ; et quel but commun peut-il y avoir dans
le monde entier si ce n'est cette idée du monde,
royaume de Dieu ? A quoi sert d'orienter le
dévouement vers une firme, la solidarité de
classe, la République française, la Pologne ou
l'Albanie, ou cet amour et cette loyauté que les
gens professent pour le roi George, le roi Albert
ou le duc d'Orléans — je me demande d'ailleurs
pourquoi — ou tout autre objet intermédiaire ré-
clamant l'abandon de soi-même ? Nous avons
besoin d'un étalon assez universel pour que le che-
minot puisse demander à l'avocat ou à la du-
chesse, l'Indien rouge au marin de Limehouse,
ou le soldat d'Anzac au Sinn Feiner ou au Chi-

nois : « Que faisons-nous tous les deux pour
cela ? » Et pour remplir la place de ce « cela »
aucune idée n'est assez grande, ni assez impérative, mais seul le royaume mondial de Dieu.

Quel que soit le temps qu'il puisse mettre à
tâtonner, l'aveugle qui cherche à servir et à
mettre fin aux querelles, arrivera finalement à
cette idée, car de toutes les mille autres choses
auxquelles il a pu s'accrocher, aucune n'aura satisfait son besoin manifeste.

VI

LA FIN DE LA GUERRE

§ 1er

Au sujet de la fin de la guerre, il y a en cours deux façons principales de penser ; il y a la sorte d'esprit dont la simplicité ne demande qu'une date et le genre plus complexe qui veut des détails. A la première classe appartiennent la plupart des hommes du front. Ils sont si fatigués de cette guerre qu'ils accueilleraient avec joie n'importe quelle paix qui ne serait pas une défaite... et examineraient les détails après. Le moral de l'armée allemande, à en juger par les lettres prises sur les prisonniers, est même plus bas. Elle accueillerait n'importe quelle paix chaleureusement. Jamais dans toute l'histoire une guerre ne fut aussi universellement impopulaire que cette guerre-ci.

L'esprit du soldat est obsédé par la vision du retour « pour de bon », si vive et si attirante qu'elle cache presque toutes les autres considéra-

tions. La vision du retour au pays, c'est celle de
l'abondance au lieu de la privation, de la lumière
et de la cessation d'une centaine de restrictions
ennuyeuses. Et il est naturel par conséquent qu'on
ait demandé fréquemment à un écrivain qui
s'adonne plutôt aux prévisions et anticipations,
combien de temps durerait la guerre.

Une telle prévision est la plus capricieuse des
tirs à la cible, il y a autant de chances pour une
guerre qui mette un des adversaires hors de
combat, que pour une guerre qui changera plus
vite que l'intelligence militaire. J'ai fait diverses
prévisions. Au début, j'ai pensé que l'Allemagne
militaire combattrait selon la méthode de 1899,
serait prodigue de cavalerie et de grandes attaques
et qu'il lui répugnerait de faire des tranchées, et
que les Français et les Anglais avaient mieux
appris que les Allemands les leçons de la guerre
boer. Je me fiai au caractère mélodramatique du
kaiser. Je me fiai à l'intelligence stimulée de la
caste militaire anglaise. La première attaque
brusquée parut me donner raison et tous les jours
j'ouvris mon journal espérant y lire que les Anglais et les Français s'étaient retranchés et que les
Allemands se butaient à mort contre le fil de fer
barbelé et les tranchées. A cette époque, j'écrivis
que les Français seraient de l'autre côté du Rhin
avant 1915. Mais ce furent les Allemands qui se
retranchèrent les premiers,

Depuis, j'ai fait d'autres essais. Autant que je puis me rappeler, je ne prophétisai pas en 1916. Si je l'avais fait, j'aurais certainement ponté sur l'essai de Gallipoli. C'était ce qu'il fallait faire et ce fut fait admirablement. Ç'aurait dû nous donner Constantinople et mettre la Bulgarie de notre côté. Cela ne nous donna qu'une tragique histoire d'indolence et de négligence administratives, de bravoure et de dévouements gaspillés. J'espérais beaucoup de l'offensive occidentale de 1915 et en 1916 je comptais toujours sur notre continuation de la poussée. Je crois que nous fûmes très près de quelque chose ressemblant à une décision en septembre dernier, mais un rêve archaïque de vouloir se servir de la cavalerie renversa ces espoirs. Les « tanks » arrivèrent trop tard pour accomplir leur œuvre et leur méthode d'emploi est étudiée trop lentement... Je crois encore dans la poussée occidentale si seulement nous poussons autant que nous pouvons ; si seulement nous poussons avec nos cerveaux disponibles, mais encore inorganisés ; si seulement nous comprenons que l'art de la guerre moderne est d'inventer, d'inventer encore et d'inventer toujours. Jusqu'ici j'ai toujours espéré et attendu de la décision une victoire complète qui permettrait aux Alliés de dicter la paix. Mais une telle attente est largement conditionnée à ces questions délicates d'adaptabilité que mon tour du front m'a fait pa-

raître très urgentes. Un méprisable Germano-
Américain a dit que l'Anglais préférerait faire
tuer vingt mille de ses hommes que de casser un
général. Même un seul grain de vérité dans cette
remarque serait une raison très suffisante pour
allonger l'estimation que quelqu'un pourrait faire
de la durée de la guerre.

Il n'y a pas de doute que les Alliés occidentaux
soient très prêts de gagner sur le front occidental
et que c'est là, maintenant, le front de décision. Il
n'y a pas de doute qu'ils battent les Allemands et
les font reculer. Le facteur incertain, c'est la
vitesse à laquelle ils les repousseront. S'ils peuvent bientôt obtenir une avance assez rapide pour,
vers le 1ᵉʳ juillet, arriver à une vitesse moyenne
de deux à trois kilomètres par jour, alors nous
verrons toujours les Alliés dicter leurs termes.
Mais si le recul se continue à son taux actuel d'un
kilomètre et quatre cents prisonniers par semaine
et seulement sur le front de la Somme, si rien
n'est essayé ailleurs pour augmenter la pression (1), alors l'intolérable détresse et ennui de la
guerre amènera une paix longtemps avant que les
Allemands soient définitivement écrasés. Mais la
guerre universellement détestée peut aller jusqu'en 1918 ou 1919. Des émeutes, la famine et une

---

(1) Ceci fut écrit originalement avant l'offensive française à Verdun.

désorganisation générale se produiront avant 1920
si elle continue. Les Alliés ont tous les atouts
devant eux, mais ils semblent incapables de découvrir le génie militaire nécessité pour moisson-
ner une victoire qui ne fait pas de doute. A la
longue, ceci peut devenir dangereux. La victoire
complète et dramatique peut être achetée trop
cher. Nous n'avons pas besoin de tirer de
triomphes de cette guerre, mais la paix du monde.

Cette guerre est complètement dissemblable de
toutes les guerres précédentes et sa fin, comme
son développement, suivra un cours qui lui sera
particulier. Pendant quelque temps, l'esprit populaire s'égara dans les vieux buissons. Les Allemands allaient *nach Paris* et *nach London* ; Lord
Curzon nous décrivit un tableau agréable des
Lanciers de Bombay défilant à cheval dans l'*Un-
ter den Linden.* Mais le précédent de Versailles,
où un conseil de vainqueurs dicta ses conditions
au vaincu, n'est plus maintenant aussi évident
dans l'esprit des hommes. Le plus que les Alliés
disent sur ce sujet c'est : « Il nous faut finir la
guerre sur le sol allemand. » Les Allemands parlent franchement de tenir. J'ai supposé que
l'offensive occidentale en juin prochain aura lieu
en grande partie sur le sol allemand, c'est une
simple supposition et je reconnais qu'il est tout à
fait concevable que la « poussée » puisse encore

en 1918 grignoter sa maigre portion quotidienne de prisonniers et de blessés loin de ce but.

Aucun des combattants ne comptait sur une guerre comme celle-ci. Et la conséquence, c'est que le monde entier n'a aucune idée de la façon de s'en sortir. La guerre peut rester avec nous comme un écolier qui nous aurait rendu visite, parce qu'elle ne sait pas s'en aller. Les Italiens me dirent presque cela. « Supposez que nous atteignions Inssbrück, Labich, Trieste, dirent-ils, ce ne sera pas la fin. » Lord Northcliffe, m'a-t-on dit, revint d'Italie avec la conviction que la guerre durerait six ans.

Il est des plus évident que tout le monde maintenant est anxieux d'en finir avec la guerre. Personne, à part quelques gens auxquels on pourra demander des comptes et une poignée de profiteurs cupides, ne désire qu'elle continue. D'une façon calme peut-être et discrète, tout le monde que je connais essaie maintenant de trouver la façon de se sortir de la guerre et je suis convaincu qu'il en va de même en Allemagne. C'est ce qui rend la campagne de paix — à n'importe quel prix — aussi exaspérante. Il semble qu'on soit dans un champ, poussé par des oies bruyantes du côté où l'on veut aller. Mais comment nous en sortirons-nous — avec quelque crédit — de façon à empêcher une rechute subséquente dans une guerre aussi effroyable ?

Il y a en ce moment devant le monde trois programmes différents de la façon dont la guerre peut être terminée. Le premier de ceux-ci accorde une prédominance complète à nos Alliés. Il a été exprimé en termes généraux par Mr. Asquith. Evacuation, réparation, châtiment des responsables de la guerre et garanties que cela ne se reproduira pas. Jusqu'ici rien n'a encore été dit au sujet de ces garanties. Ce qui doit exactement arriver à la Pologne, l'Autriche et la Turquie ne paraît pas dans ce programme. Le chancelier allemand élude également. Le kaiser a effrayé les pacifistes — à n'importe quel prix — de Grande-Bretagne en proclamant officiellement que l'Allemagne veut la paix. Nous savions cela ; mais quelle sorte de paix ? Il semble qu'on nous a promis vaguement l'évacuation et la réparation de la frontière ouest et un peu plus ; il y a des garanties — mais il est évident qu'elles sont entièrement différentes des garanties de Mr. Asquith — que cela ne se reproduira plus. Le programme des Anglais et de leurs Alliés paraît envisager quelque chose comme le désarmement obligatoire de l'Allemagne ; le programme de l'Allemagne parle au moins d'un désarmement et de l'occupation militaire de la Belgique, l'évacuation de la Serbie et de la Russie et l'abandon à l'Allemagne de toute facilité pour une plus tardive et plus heureuse offensive allemande à l'ouest. Mais il est clair que

dans ces conditions, telles qu'elles sont exprimées,
la guerre doit continuer jusqu'à la défaite définitive de l'un ou l'autre côté, ou un chaos européen.
Ce sont des conditions inconciliables.

Toutefois, il est difficile de dire comment elles
peuvent être modifiées d'un côté ou de l'autre, si
la guerre n'est décidée que par les belligérants et
d'après des étalons d'intérêt national seulement,
sans allusion à tout autre considération. Nos
Alliés seraient fous de laisser au Hohenzollern à
la fin de la guerre un couteau dans la main, après
qu'il ait ainsi montré son caractère. Abandonner
son couteau, c'est pour le Hohenzollern l'abandon
de ses rêves, la répudiation de l'entière éducation
de l'Allemagne pendant un demi-siècle. Quand
nous comprenons la fatalité de cet antagonisme,
nous comprenons comment il se fait que, dans
cette présente anticipation de l'enfer, les nations
fatiguées, épuisées, tourmentées doivent soutenir
leur monstrueuse et fastidieuse lutte. Et c'est
pourquoi se glisse et se répand cette idée, qu'il
peut, peut-être, y avoir une porte de derrière, une
sorte de transformation de l'actuelle partie interminablement désespérée en une nouvelle et différente partie, plus maniable grâce à l'introduction
de quelque facteur externe.

C'est ce que la belle intelligence de l'Amérique a
commencé à comprendre et c'est pourquoi les
hommes d'Europe tournaient continuellement les

yeux vers l'Amérique, avec un espoir, un soup-
çon.

Maintenant, l'Amérique est notre alliée...

§ 2

Permettez-moi d'esquisser ici ce que je crois
être les points essentiels d'un arrangement mondial. Certaines idées ne seront que les simples ba-
nalités de toute personne qui discute cette question ; d'autres sont moins populaires. J'ai ajouté
les choses les unes aux autres, les suggestions que
j'ai entendues ici et celles que j'ai entendues là, et je
crois qu'il est réellement possible d'exposer une
solution qui serait acceptable à la majorité des
hommes raisonnables du monde entier. Dès que
nous mettons les massacres de Dinant et de Lou-
vain, le crime du *Lusitania* et les autres dans la
catégorie de symptômes plutôt que d'actes essentiels, outrages qui réclament un châtiment spécial
et des réparations mais qui n'entrent pas autrement dans l'arrangement final, nous pouvons
commencer à concevoir un traité mondial possible. Permettez-moi d'exposer les grandes lignes
de cette pacification. Ces grandes lignes dépendent
l'une de l'autre, chacune est une condition de

l'autre. C'est sur ces lignes que les gens réfléchis, que je distingue des gens simplement combatifs, semblent partout s'égarer.

En premier lieu, il est admis qu'il devra y avoir un traité identique entre toutes les grandes puissances du monde, les obligeant à certaines choses. Il devrait y être déclaré :

Que les grands Etats industriels capables de produire l'armement de la guerre moderne prissent et gardent la direction complète des manufactures de toutes les munitions de guerre du monde. Et qu'ils arrêtassent absolument la fourniture de ce matériel à tous les autres Etats du monde. Ceci est une tâche beaucoup plus facile qu'on ne se le figure. La guerre s'est maintenant tant développée dans le sens industriel que sa continuation ou son abolition est aujourd'hui entre les mains de quatre ou cinq grandes puissances seulement.

Ensuite vient l'idée d'une ligue de la Paix. Il devrait y avoir un tribunal international pour la discussion et l'arrangement des querelles internationales. Les Puissances dominantes ne devraient entretenir des forces de terre et de mer que jusqu'à une limite sur laquelle tout le monde serait d'accord et seulement pour un usage de police intérieure ou dans le but d'appuyer les décisions du tribunal. Ces Puissances devraient être toutes obligées d'attaquer et de supprimer celle d'entre elles qui augmenterait son armement de guerre au delà des limites définies.

Tout ceci a déjà été écouté et accueilli favorablement en plusieurs endroits. Mais jusqu'ici ce n'est pas suffisant. On y trouve ignorés les principaux motifs de cette guerre économique qui aide et encourage et est une partie inséparable des conflits modernes internationaux. Si nous devons aller aussi loin que nous l'avons été déjà en matière de contrôles internationaux, alors nous devons passer outre et déclarer que le tribunal international aurait le pouvoir de considérer et repousser tout nouveau droit de douane, quarantaine, exclusion étrangère, ou autres lois affectant les relations internationales. De plus, il devrait reprendre et étendre l'œuvre du Bureau International d'Agriculture de Rome dans le but de contrôler tous les produits d'utilité première. Il administrerait les lois maritimes du monde, contrôlerait et uniformiserait les frets dans l'intérêt commun de l'humanité. Sans ces réserves, il empêcherait uniquement l'emploi de certaines armes ; il ne ferait rien pour empêcher les pays de s'étrangler ou de s'étouffer l'un l'autre par la guerre commerciale. Il n'abolirait pas la guerre.

Et sur cette question, les gens ne me paraissent pas raisonner très clairement. C'est l'exception de trouver quelqu'un parmi les parleurs de paix qui saisisse réellement combien la nécessité du libre

accès, pour tout le monde, aux produits naturels,
au charbon et aux produits tropicaux, etc... la
libre navigation à des taux raisonnables et la re-
connaissance par le tribunal du principe du bien-
être commun en matière commerciale, est insépa-
rablement liée à l'idéal d'une paix du monde permanente. Mais toute paix qui ne s'occupe pas de
ces choses posera simplement l'épée afin de prendre le gourdin. Et une paix qui ne rendrait pas à
la Belgique, à la Pologne et au nord de la France
leur précédente industrie réclamerait impérativement l'imposition aux Alliés d'un système de
droits dans l'intérêt de ces pays et une rigoureuse
« autre guerre », la guerre économique contre
l'Allemagne. Cette restauration est naturellement
une condition implicite de tout essai à établir une
paix économique dans le monde.

Ces choses étant arrangées pour l'avenir, il serait en outre nécessaire d'établir une commission
internationale des frontières soumise à certaines
conditions déterminantes approuvées par les belligérants pour retracer la carte d'Europe, d'Asie
et d'Afrique. Cette guerre offre une occasion
comme le monde n'en a peut-être jamais eue de
dresser la « carte naturelle » de l'humanité, la
carte qui assurera le maximum d'homogénéité et le
minimum de liberté raciale et économique. Tous
les idéalistes espèrent une Pologne restaurée. Mais
c'est une chose enfantine de rêver d'une Pologne

satisfaite avec Posen toujours sous la botte prussienne, avec Cracovie en Autriche et sans un port sur la Baltique. Ces prétentions de la Pologne à son intégralité ont une portée plus haute que le simple marchandage des belligérants réunis en un congrès.

De plus, ce tribunal international devrait aussi avoir, s'il devait vraiment empêcher la guerre, le pouvoir d'intervenir dans les affaires de tout pays ou région dans un état public de désordre manifeste, pour la protection des voyageurs étrangers, des personnes étrangères y vivant et des intérêts étrangers s'y trouvant engagés.

Un arrangement comme celui que j'ai esquissé ici tirerait aussitôt la politique internationale. de la saleté sanguinaire et désespérante du conflit actuel. C'est, je crois pouvoir l'affirmer, la paix que désire l'homme raisonnable dans n'importe quel pays.

Cette proposition n'est cependant que le simple bon sens qui se dégage de la situation actuelle et la solution qui doit satisfaire aussi complètement un Allemand rationnel qu'un Français ou un Anglais rationnels. Elle n'a contre elle que les ordinaires préjugés contre ce qui est nouveau et entièrement original.

§ 3

La conclusion de cette guerre doit être ce qu'on pourrait appeler un arrangement impartial ou, si vous préférez, un arrangement scientifique ou judiciaire et non un arrangement de traité, c'est-à-dire un arrangement basé sur la conception de ce qui est juste et nécessaire plutôt que sur le succès ou l'échec relatifs de l'un ou l'autre des adversaires. Cette idée sous une grande variété de formes et de développements partiels m'a paru gagner du terrain dans les milieux les plus différents. La guerre fut une aventure, ce fut l'aventure allemande dans la tradition des Hohenzollern, pour dominer le monde. Ce devait être la dernière des conquêtes. Elle a échoué. Avant que lui vint en aide la force en réserve de l'Amérique, le monde civilisé l'avait déjà vaincue, et la guerre continue maintenant en partie pour ce problème : cette aventure se répétera-t-elle ou sera-t-elle rendue à jamais impossible ? et en partie parce que l'Allemagne n'a aucun autre organe que son organisation des Hohenzollerns par lequel elle pourrait admettre son échec et développer son désir latent d'une nouvelle entente basée sur la tolérance mutuelle. Pour ce but, rien de plus con-

traire ne pouvait être imaginé que l'impérialisme
des Hohenzollerns. Mais l'attention de tout combattant, — ce n'est pas seulement l'Allemagne
maintenant — a été concentrée sur les nécessités
militaires ; chaque nation est une nation rivée,
avec ses pouvoirs d'action concentrés dans son ad-
ministration, liée par des menaces stratégiques et
des déclarations et dominée par l'idée d'obtenir et
de s'assurer des avantages. Il est inévitable qu'un
arrangement fait dans une conférence de belligérants européens seuls, sera imprévoyant, brutal,
limité seulement par des nécessités de circonstances et obsédé par l'idée d'hostilités et de riva-
lités continuant sans cesse ; ce serait un marchandage d'avantages pour des attaques suivantes. Ce
serait un arrangement complètement différent,
aussi bien dans ses effets que dans son esprit d'un
arrangement du monde, dont le but primordial serait d'établir une nouvelle phase dans l'histoire de
l'humanité.

Permettez-moi de citer trois exemples de l'impossibilité d'une victoire complète d'*un côté ou de
l'autre* donnant une solution satisfaisante pour la
conscience et l'intelligence des hommes raisonnables.

Le premier — sur lequel je ne m'étendrai pas,
la nouvelle Russie se montrant animée des sentiments les plus généreux — c'est la Pologne.

Le second est plus petit, mais il est imposé à

mon imagination. Dans la fixation des frontières avant cette guerre, la frontière entre la Serbie et le nord-est de l'Albanie fut tracée avec un extraordinaire mépris des besoins élémentaires des Albanais de cette région. Elle longe le pied des montagnes qui forment leurs pâturages d'été et un refuge contre une attaque et elle sépare leurs montagnes de leurs pâturages d'hiver et de leurs marchés. Toute leur vie économique fut ainsi mise en morceaux et leur existence rendue intolérable. Or un tiers intelligent qui redresserait les frontières d'Europe rendrait certainement ces marchés, Ipek, Jakova et Prisrend, à l'Albanie. Mais les Albanais n'ont pas la parole dans cette guerre, leur sort est le sort heureux qui eût pu être celui de la Belgique si elle n'avait pas résisté ; la guerre va et vient à travers l'Albanie ; et lorsque viendra l'heure de l'arrangement, plus particulièrement si c'est un arrangement sur lequel les Alliés de la Serbie auront l'ascendant, il est très improbable qu'on accorde la moindre attention à l'embarras de l'Albanie dans cette région. Auquel cas, les Albanais de cette région seront ou forcés de s'exiler en Amérique ou poussés à la révolte, ce qui sera suivi sans aucun doute par la procédure pénale usuelle dans la péninsule balkanique.

Pour mon troisième exemple, je vais sauter d'une affaire aussi petite que trois marchés et le

pâturage de quelques milliers de têtes de moutons
à une affaire aussi grande que le monde.

Qu'arrivera-t-il à la marine marchande du
monde après cette guerre ? Les Allemands, avec
cette combinaison d'adresse et de stupidité qui dé-
concerte le monde, se sont employés à détruire la
marine marchande, non seulement de l'Angleterre
et de la France mais encore de la Norvège, de la
Suède, de la Hollande et de tous les pays neutres.
Les journaux allemands se vantent publiquement
qu'ils construisent une grande marine marchande
qui partira à la conquête du commerce mondial
dès la paix signée. Toutes ces vantardises sont
accueillies avec attention par la presse anglaise. Nous avons entendu bien des choses dans
cette guerre au sujet de cette Allemagne qui
veut tout avaler ; mais il y a quelque chose
de beaucoup plus vieux, plus vigoureux et moins
criard et voyant, c'est la volonté anglaise.
Dans les journaux anglais, a paru une phrase qui
depuis fait son chemin : « tonne pour tonne ». Cela
signifie que l'Angleterre continuera la lutte jusqu'à ce qu'elle ait pris et tiré à l'Allemagne l'équivalent de tous les navires anglais que l'Allemagne
a torpillés. Les gens ne comprennent pas qu'un
jour peut venir où l'Allemagne sera heureuse et
désireuse de donner à la Russie, à la France et à
l'Italie tout ce qu'elles lui réclameront et où l'Angleterre sera très contente de laisser ses Alliées

conclure une paix avantageuse et de continuer elle-même à combattre l'Allemagne. Elle n'a pas l'intention de laisser cette marine mercantile allemande, créée furtivement, naviguer, s'approvisionner ou exister sur les mers — tant qu'elle pourra être employée contre elle comme une armée économique. Ni l'Angleterre, ni la France, ni l'Italie ne peuvent tolérer cela.

Ce fut la prétention particulière de la Grande-Bretagne de déclarer que sa marine marchande n'avait rien de patriotique, elle fut le voiturier impartial du monde entier. Ses armateurs ont pu servir leurs intérêts, ils n'ont jamais servi les siens. Les fluctuations des prix du fret ont pu être un ennui universel, mais ce ne fut certainement pas une conspiration agressive nationale. Le point de vue de l'Angleterre contre tout ascendant allemand sur mer, point de vue absolument convaincant, est qu'un tel ascendant serait impitoyablement employé au développement du pouvoir mondial allemand. La liberté des mers, depuis si longtemps établie, disparaît sous le seul toucher allemand. C'est pourquoi au delà de la guerre actuelle, s'ouvre la perspective agréable d'une lutte commerciale ; une guerre de frets et une guerre d'actes de navigation, pour la mainmise ultime, dans les intérêts soit de l'Allemagne, soit des alliés anti-allemands, sur le commerce du monde.

Or, comment dans l'un ou l'autre de ces trois

cas, le marchandage et la tricherie des diplomates
et la course aux avantages des belligérants peut-
elle produire une solution stable et profitable
d'une façon générale ? Ce que tous les neutres
veulent, ce que tout homme des pays belligérants
sensé et prévoyant veut, ce que le bon sens du
monde entier demande, ce n'est ni l'ascendant de
l'Allemagne, ni l'ascendant de la Grande-Bretagne, ni l'ascendant de tout autre Etat, peuple ou
intérêt sur la marine marchande mondiale. La
seule chose à faire c'est un contrôle mondial de la
navigation aussi impartial que l'Union Postale.
Ce que le droit, la raison et le bien-être des géné-
rations futures demandent en Pologne, c'est une
Pologne unifiée et autonome, avec Cracovie, Dant-
zig et Posen amenés dans l'intérieur des mêmes
frontières que Varsovie. Ce que quinconque a
étudié la question Albanaise désire, c'est que les
Albanais paissent leurs troupeaux et vendent
leurs peaux de mouton en paix, affranchis du
contrôle serbe. Dans tous les pays actuellement en
guerre, le désir de la majorité du peuple est pour
une solution n'entraînant pas à de nouvelles querelles et qui ne sera ni un triomphe ni l'abaissement d'un ennemi, mais qui réalisera le bon sens
économique, ethnologique et géographique de
l'affaire. Mais, alors que les formules de guerre
nationalistes sont faciles, familières, bruyantes et
toujours présentes, les formules plus douces et

plus grandes de ce pacifisme mondial plus vaste et plus neuf ne sont pas encore comprises d'une façon générale. Il est tellement plus facile de haïr et de soupçonner que de négocier généreusement et patiemment ; il est tellement plus dur de penser posément que de se laisser emporter par un ouragan d'hostilité. Le pacifiste rationnel est gêné, non seulement par l'esprit guerrier, mais encore par une sorte de pacifisme extrême pernicieux aussi impatient et stupide que le patriotisme extrémiste.

§ 4

J'ébauche ces idées d'une pacification mondiale du point de vue d'un « tiers parti » parce que je découvre qu'elles se font jour dans les cerveaux humains. Je remarque que les gens discutent cette idée que l'Amérique peut jouer un grand rôle dans une telle pacification permanente du monde. Là se clôt mon rapport. Ces choses font autant partie de mes impressions de guerre que l'explosion d'un obus sur le Carso ou les tranchées jaunes de Martinpuich. Mais je ne sais pas quelle est l'opinion en Amérique et je suis absolument incapable d'estimer la force des nouvelles idées que je viens d'exposer, soumises aux forces aveugles de l'instinct et de la tradition qui gouvernent la masse de l'humanité. Dans l'ensemble, je crois

davantage dans la force de la volonté humaine
guidée par la raison qu'en la première moitié de
1914. Si je doute que cette guerre après tout ne « tue
la guerre », je crois d'un autre côté qu'elle a un tel
effet de démonstration qu'elle peut donner naissance à un mouvement de pensée et de conviction,
qu'elle peut ensemencer le monde d'organisations.
et de mouvements éducationnels assez considérables pour s'agripper à la future grande catas-
trophe guerrière, pour l'arrêter ou la prévenir. Je
ne suis pas sûr du tout, même maintenant, que
ceci soit la dernière grande guerre que subissent
les hommes. Je crois toujours qu'elle peut l'être.

La chose la plus dangereuse en cette affaire,
autant que l'avenir est concerné, c'est le mépris
total de ce fait que la lutte économique nationale
est obligatoirement une cause de guerre et l'igno-
rance presque universelle de la nécessité de sou-
mettre la navigation et le commerce d'outre-mers
et international à une sorte de contrôle international. Ces deux choses, l'entrave au commerce et
l'avantage de la navigation sont les principales
causes matérielles de colère entre les États modernes. Mais elles ne seraient pas par elles-mêmes
des choses dangereuses, s'il n'y avait pas les dé-
ceptions exaspérées de genre et de différence et les
« loyautés » écervelées auxquelles elles donnent
naissance qui semblent encore régir le cerveau
humain. Il y a quelques années, j'étais arrivé à

cette conception qu'une grande partie du mal dans la vie humaine était due à la disposition vicieuse inhérente au cerveau humain à intensifier la classification (1). Je ne sais pas ce qu'en pensera le lecteur, mais, pour moi, cette guerre, cette tuerie de huit ou neuf millions de gens est due presque entièrement à ce petit et quasi universel manque d'esprit clair ; je crois que la part de méchanceté dans l'acte de faire la guerre est tout à fait secondaire à côté de la part de cette simplicité de précision si bornée. Ces effigies d'empereurs, de rois et d'hommes d'Etat qui mènent les hommes à la guerre, ces légendes de nationalité et de gloire s'effondreraient devant notre dérision universelle si elles n'étaient bourrées solidement par la folie inconsidérée de l'homme du commun.

Il y a en nous tous une indolente capacité à souffrir le mal et les choses dangereuses que je contemple chaque année de ma vie avec une incrédulité croissante. Je perçois que nous les souffrons ; je note les protestations futiles de l'intelligence. Il me semble incroyable que les hommes ne se relèvent pas de ce gâchis boueux et sanglant qu'est une guerre mondiale avec la résolution de mettre fin à jamais à la honte, les préjugés, les prétentions, les habitudes qui ont appauvri leur

____

(1) Voir mes *First and Last Things*, Livre I, et mon *Utopie Moderne*, chap. X.

vie, tué nos fils et gâché le monde, résolution si puissante et soutenue que rien ne pourra l'arrêter.

Mais il n'est pas apparent qu'une telle volonté se lève. Apparaît-elle seulement ? Il m'est difficile de répondre à cette question, car ma réponse varie selon mon état d'esprit. Il y a des moments où il me semble qu'il ne se produit rien du tout de ce genre. Voilà plus de trois années que cette guerre écrit son avertissement en lettres de sang, de feu et de douleur sur le ciel de l'humanité. Lorsque je cherche la réponse collective à cet avertissement, je vois une multitude de petits êtres rampants vers leurs fins personnelles comme des vers dans un vieux fromage. Les rois sont toujours à leur place — seule la Russie a paru avoir compris, — pas un prince royal n'a été tué dans cette tuerie, universelle autrement. Lorsque les vains portraits des monarques sont projetés sur l'écran, les veuves et les orphelins chantent encore l'hymne national. Les dix mille religions de l'humanité sont encore dix mille religions toutes occupées à séparer les hommes et à entretenir leur hostilité. Je vois à peine un pas mesurable fait quelque part vers ce royaume mondial de Dieu qui est, je l'affirme, la solution manifeste, la seule formule pouvant apporter la paix à toute l'humanité. L'humanité, dans son ensemble, paraît n'avoir rien appris ni rien oublié en trente mois de guerre.

Et d'un autre côté, je sais qu'on converse beaucoup et avec calme. Ce livre a conté comment j'allai voir la guerre et c'est la plupart du temps de la conversation... Peut-être les hommes ont-ils toujours espéré des miracles ; si quelqu'un avait toujours vécu dans la nuit et n'avait qu'entendu parler du jour, je suppose qu'il s'attendrait à voir l'aube apparaître comme un puissant jet de lumière. Je suppose qu'il croirait toujours qu'il fait nuit bien longtemps après qu'il eût passé des ténèbres à la lumière. En comparaison avec toutes les guerres précédentes, on a beaucoup plus réfléchi et on a beaucoup plus discuté. Si la plupart des conversations paraissent être futiles, s'il semble que tout le monde parle et que personne n'agisse, il ne s'ensuit pas que les choses ne se glissent pas tranquillement hors de leur vieil entourage, au milieu de ce babillage et à cause de ces babillages. Des multitudes d'hommes doivent lutter aves de nouvelles idées. Il est raisonnable d'admettre qu'il faille un nouvel examen, que du temps s'écoulât avant que ces millions d'efforts mentaux puissent se développer en une intention collective nouvelle et *se montrer* réellement dans les conséquences.

Que cela arrive, c'est toujours mon espoir et, dans l'ensemble, excepté dans mes moments de dépression et d'impatience, ma conviction. Quand on est **arrivé** à une conviction aussi grande que la mienne, il est difficile de douter que d'autres, en face des mêmes faits universels, ne parviendront pas aux mêmes conclusions. Je crois que seulement par une complète simplification de la religion, ramenée à son idée fondamentale, à l'acceptation mondiale de Dieu comme roi du cœur de toute l'humanité, jetant de côté complètement la monarchie et l'égoïsme national, l'humanité peut arriver à un certain bonheur et une certaine sécurité. Le précédent de l'Islam soutient ma foi dans l'inspiration créatrice d'une renaissance religieuse de ce genre. Le Sikh, le Musulman, le Puritain ont montré que l'homme peut se battre mieux pour une Idée Divine que pour tous les drapeaux ou les monarques du monde. Il me semble que les illusions s'évanouissent et que les effigies perdent de leur crédit partout. C'est pour moi une chose des plus merveilleuses que la Chine soit maintenant une république, que la Russie ait secoué son tzarisme... Je me considère être, à très peu de chose près, un homme de la normale, anormal seulement par suite d'une certaine rapidité mentale. Je considère que je pense comme le monde pense et si je ne trouve pas de grands faits, je trouve une centaine de petites indications qui m'assurent à nouveau que Dieu vient. Même ceux qui n'ont ni l'imagination ni la foi pour accepter Dieu comme une réalité comprendront bientôt, je crois, que le Royaume de Dieu sur un système mondial d'Etats républicains est la seule formule possible par laquelle nous pouvons espérer unifier et sauver l'humanité.

FIN

TABLE DES MATIÈRES

Ce que les gens pensent de la Guerre

Paris. — Imp. GAMBART et Cⁱᵉ, 52, avenue du Maine.

ALBIN MICHEL, Éditeur, 22, rue Huyghens

Jeanne Marais. **Pour le Bon Motif.** . . . . . 1 vol.

Marcel NADAUD. **Chignole** (*La Guerre aérienne*) 1 vol.
— **Ma P'tite Femme** . . . . 1 vol.

Geneviève DUHAMELET. **Ces Dames de l'Hôpital 336.** . . . . 1 vol.

Henry MALHERBE (Henry Croisilles). **La Flamme au poing.** . . . . 1 vol.

Horace VAN OFFEL. **L'Oiseau de Paradis** . 1 vol.
— **Les Nuits de Garde.** 1 vol.

Régis GIGNOUX et Roland D'ORGELÈS. **La Machine à finir la guerre** . . . . . 1 vol.

ROBERT JAMET. **La Sublime Hécatombe.** 1 vol.

J. VALMY-BAISSE. **Les Pépères La Victoire** 1 vol.

Henry BARBY, correspondant de guerre du *Journal*. **Au Pays de l'Épouvante** (*L'Arménie Martyre*), 16 hors texte. . . . . . 1 vol.

Rodolphe BRINGER. **Mari de Cœur** . . . . 1 vol.

Jeanne Landre. **L'Ecole des Marraines** . . 1 vol.

Georges DOCQUOIS. **Nos émotions pendant la Guerre.** . . . . 1 vol.

Gabriel SEAILLES. **La Guerre et la République.** . . . . 1 vol.

Arnould GALOPIN. **Les Poilus de la 9e** (462 p.) 1 vol.

La Poilue, par une Première de la rue de la Paix 1 vol.

André AVÉZE. **Martha Steiner**, gouvernante allemande . . . . 1 vol.

Hans de KAHLENBERG. **Misère** (*Mœurs militaires allemandes*). . . . . 1 vol.
Traduction française de Louis DE HESSEM

Henry W. FISCHER. **Guillaume II inconnu,** (*Mémoires d'Ursula, Comtesse d'Eppinghoven*). 1 vol.
Traduction française de A. MEVIL

Henry W. FISCHER. **Mémoires secrets de Frau Bertha Krupp.** . . . . 1 vol.
Traduction française de Charles LAROCHE

Chaque volume franco, 3 fr. 50

IMPRIMERIE DE L'EDITION, 104, rue Didot, Paris (XIVe)

www.ingramcontent.com/pod-product-compliance
Ingram Content Group UK Ltd.
Pitfield, Milton Keynes, MK11 3LW, UK
UKHW021848070726
13613UKWH00001B/59

9 782019 981983